OM ALLT GÅR ÅT HELVETE, SÅ FÖLJ INTE EFTER!

Denna bok är tillägnad mina tre söner och ögonstenar, Amadeus, Presley och Jackson.

Det är min bön och förhoppning att ni alltid ska våga stå för era åsikter, kunna argumentera för era övertygelser och omfamna alla människor med kärlek och empati.

Gör skillnad, följ alltid era hjärtan och era samveten oavsett vad som händer.

Jag älskar er!

Innehållsförteckning

FÖRORD

Vi lever i en tid av polarisering där temperaturen i den offentliga debatten kanske är högre än vad den någonsin varit. Traditionella regler och koder för samtal, diskussioner och åsiktsutbyte är inte längre tillämpbara på det sätt som de var för bara några år sedan.

Åsiktskorridorer, politisk korrekthet och idépoliser gör att ständigt flera människor känner en ökande oro och eskalerande skam kring att uttrycka sina egna åsikter och övertygelser. Folk är rädda för att hamna i onåd i sina sociala umgängeskretsar vid att vädja sina tankar, ståndpunkter och uppfattningar.

Vad jag nästan dagligen stöter på ute bland människor jag träffar runt om i såväl Sverige som i övriga Skandinavien, är att det finns en växande och väldigt stor brist på mod. Det finns en sådan ängslighet bland folk som givetvis grundar sig på alla förändringar som äger rum i den värld och det samhälle vi i dag lever i. En värld som förändras på ett nästan okontrollerbart sätt.

Ordet "mod" *(från det latinska fortitudo)* betyder tapperhet och är en personlig egenskap och en av kardinaldygderna. Kardinaldygderna ansågs vara de viktigaste dygderna inom grekisk filosofi. Mod anses även betyda tapperhet och uthållighet.

En modig person handlar i överensstämmelse med sina övertygelser och önskningar, även vid risk för negativa konsekvenser mot det egna jaget. Mod betraktas av många som en moralisk eftertraktansvärd egenskap. En dygd. Mod är att vara rädd, men övervinna rädslan för att göra det som ska göras. Mod stärker individens självkänsla och hjälper personen att övervinna sin rädsla genom exponering.

Jag har alltid hävdat att det grundläggande finns tre olika människotyper:

1. De som bara står och ser på saker som händer.
2. De som pratar med allt och alla om det som händer.
3. De som faktiskt får saker och ting att hända.

Det är med en försiktig optimism jag ser att det börjar pågå en förflyttning från den första och andra kategorin människor till den senaste. Frön av tro, hopp och längtan efter förändring börjar gestalta sig på en mängd olika områden. Modet börjar växa, det börjar bli större och framförallt: det expanderar. Människor har börjat tröttna på att bli kontrollerade.

Historiskt sätt har Sverige haft nationella ledare som satt imponerande avtryck genom att skapa "det svenska folkhemmet," som snabbt blev ett begrepp och ett föredöme långt utanför landets gränser. Internationellt har Sverige haft två stora ledargestalter som Dag Hammarskjöld och Raoul Wallenberg som blivit internationella ikoner.

Dagens ledare däremot är en helt annan historia.

Efter att i månader gått igenom västvärldens olika politiska landskap, framgår det med största möjliga tydlighet, att inget annat land än Sverige, har ett politiskt ledarskap med liknande förakt för oliktänkande och sina meningsmotståndare. Den mobbningskultur som infunnit sig i Sveriges högsta folkförsamling kan snällt beskrivas som sorglig och beklaglig.

En bättre, mera sanningsenlig och passande beskrivning på denna kultur, är nog snarare uppseendeväckande och skandalös. Inget annat land är i dag mera anspråksfullt och pretentiöst än Sverige. Dets ledare anser sig vara mallen för hur övriga världen ska vara, tänka och agera. De har själva tagit på sig rollen som världens samvete och försöker ständigt, med en illa dold arrogans, agera som globala vägvisare för vilka åsikter, värderingar och moral som övriga världen ohämmat ska adoptera och anpassa sig till.

Att de är förtroendevalda i ett land med endast 10 miljoner människor verkar bekomma dom föga. De tror på fullaste allvar att Europas 750 miljoner ska anpassa sig till deras åsikter, och att världens övriga 6,8 miljarder, ska efterfölja deras policys och hörsamma deras uppmaningar.

Sveriges ledare och elit har drabbats av en episk global hybris som inte äger några som helst gränser. Som historien aldrig tidigare beskådat. Inte ens i de mest vilda och osannolika äventyr har man lyckats beskriva något liknande.

Landet som en gång kännetecknades av en stillsam ödmjukhet med devisen "En svensk tiger", har i dag förvandlats till ett högmodigt politiskt monster med megalomani. Men historien har lärt en hel värld, alla kulturer och de flesta förnuftigt tänkande människor följande: "Högmod går alltid före fall."

Vad många i såväl Sverige som utanför landets gränser nu väntar på, är hur stort, djupt och oöversiktligt fallet kommer bli. För högmodets påföljder kan ingen springa ifrån. Inte ens svenska ledare och politiker.

DET DRAR IHOP
SIG TILL VALET 2018!

Alla ska med!!!
kallestrokirk.se

Det ska bli väldigt intressant att se hur svenska media kommer hantera bevakningen. Kommer de försöka vara sakliga och sanningsenliga eller blir det som det varit fram tills nu? Jag är tyvärr inte så optimistisk gällande en förändring.

I snart 15 år har jag följt amerikansk politik och näringsliv då det som alla vet fungerar som så att "det som är i USA kommer förr eller senare till Sverige".

Det läskiga som hänt i amerikanska media de senare åren är att betrakta hur polariserat media har blivit samt att det på riktigt verkligen är "fake news" varje dag. Och detta i traditionsrika medier som Washington Post, New York Times, ABC, CBS, NBC och MSNBC för att bara nämna några.

Fakta har bytts ut mot regelrätt förakt, hat och lögner mot allt och alla som vågar gå emot etablissemanget och den politiska och mediala eliten. Tyvärr så har detta väldigt tydligt spridit sig även till svenska medier och politiska kommentatorer.

Vad hände med källgranskning och intellektuell ärlighet? Är inte medias uppgift att förmedla nyheter och inte skapa nyheter? Är det inte meningen att media ska vara neutrala och granskande?

Allt hittills pekar på att det fortsatt kommer att vara en "agenda" från medias sida att försöka förvrida och förvränga personer och vissa partiers ord och budskap fram tills valet. Aftonbladets devis och kampanj "Gilla olika" är nog ett av det senaste decenniets största skämt! Den svenska åsiktskorridoren är trång och vissas åsikter är inte alls välkomna. Och är de inte välkomna så ska de misskrediteras, marginaliseras och tystas ner!

Jag tror på Sverige och det svenska folkets förmåga att se igenom medias och den politiska elitens skrämmande propaganda! Det är dags att avveckla ordspråket "En svensk tiger".

Jag vill uppmuntra er alla "att komma ut" med era åsikter, övertygelser och uppfattningar! Reinfeldts bevingade ord i sitt sommartal om att "öppna era hjärtan" var inget annat än ett skämt levererat av en yrkespolitiker med en egen agenda och politisk korrekthet. Innan man kan "öppna sitt hjärta", vilket man givetvis ska göra, så måste det börja med att man "öppnar sina ögon!"

Vilket Sverige vill du ha? Vilken väg anser du att Sverige ska gå? Vem ska ha makten? Ska vi acceptera att media och den politiska eliten ska få sätta agendan?

Jag tror på förändring! Det får bara inte fortsätta som det nu gör. "Kom ut" och mobilisera er inför valet 2018!

HYCKLERIETS HÖGKVARTER

Rasist!

Vipeholmsexperimenten
tvångssteriliseringarna
judepassen Rasbiologis-
ka institutet tyska
fångtransporter
genom Sverige...
Ska jag fort-
sätta?

kallestrokirk.se

Det kallas bland folket för Riksdagshuset, men har tyvärr förvandlats till ett högkvarter för hyckleri.

Under mina snart 30 år i Sverige har jag haft förmånen att resa ett antal hundra tusen mil och träffat tiotusentals svenskar som sliter, jobbar hårt och försöker att göra sitt bästa för sin familj, sina barn och sina närmiljöer. Man försöker följa sina olika moraliska kompasser, och gemensamt för de absolut flesta är att de försöker vara ärliga mot sig själva och sin omgivning samt efter bästa förmåga ge nästa generation värderingar som de kan bära med sig genom livet.

Sett i ljus av detta, är det skrämmande och provocerande att bevittna hur våra folkvaldas moraliska och etiska haveri dagligen gör sig påmind inför svenska folkets ögon i debatter och mediala utspel.

Ingen kräver att våra politiker ska vara perfekta. Ingen av oss är det! Men är det inte dags att våra förväntningar på uppriktighet, ärlighet och sanning börjar infrias? Kan vi inte förvänta oss att våra folkvalda lagstiftare borde föregå med gott exempel?

Jag och många med mig har för länge sen tröttnat på de oärliga debatterna, de fula och lögnaktiga anklagelserna, oförsonlighet och brist på respekt för varandras meningsskiljaktigheter. De flesta partier har i sin historia och bakgrund med saker, händelser, idéer och ståndpunkter som är båda pinsamma och rent utav förkastliga! Men hur länge ska man behöva sona för gamla synder? När ska man av sina meningsmotståndare få förlåtelse för gamla misstag tveksamma ideologier och politik?

KD häcklas ideligen för sina kristna rötter, värderingar och traditioner. SD förtalas nästan dagligen och statsminister Löfven i egen hög person leder arrogant och föraktfullt riksdagsmobbarna med sina ständiga påhopp av lögner och osanningar om partiet och dess bakgrund. Och deras knähundar i media upprepar och cementerar dessa lögner från det politiska etablissemanget, och tror att om man upprepar lögner tillräckligt många gånger så blir de sanningar.

De enda svenskar som verkar anse sig ha rätt att ljuga och förvränga sanningar är politiker och journalister! Som tur är börjar svenska folket nu genomskåda detta, och sväljer inte längre lögnerna och hyckleriet. Visst, KD har historiskt sett varit väldigt intoleranta och dömande. Och skenheliga! SD har haft många idioter och rasister som ställt till med vansinnigheter inom partiet. Men man har städat upp internt och bett om ursäkt!

På invigningen av Bromma flygplats under ledning av social-demokraterna, var varannan svajade flagga nazistflaggor med hakkors. Förträngt det Herr statsminister? Det var dina partikamrater som regisserade detta. Eller vad med alla 4500 svenskar ni lobotomerade under åratal? Alla de barn ni omhändertog mot föräldrars vilja och deras förtvivlan.

Vänsterpartiets kommunistiska rötter och sympatier med folkmördare som Lenin och Marx läser vi inte heller ofta om i dag. Eller Miljöpartiets frapperande miljöhyckleri, terroristsympatier och försök till statlig kontroll över allt och alla. Minns ni förresten Moderaternas historia av rasism och apartheidstöd? Jag stod bara några meter från FI:s grundare, Gudrun Schyman (dåvarande partiledare för Vänsterpartiet), när hon kissade ner foajén på Rigolettos biopremiär på fyllan och senare dundrade ut att "alla män är talibaner".

Listan kan göras så mycket längre med ofördelaktigheter och galenskaper även hos liberaler och centerpartister. Men allt detta är historia! Det Ligger bakom oss!

Kom ihåg det som har varit, men bara i syfte att förhindra att det inte upprepas i framtiden. Använd det inte för att misskreditera och förlöjliga kollegor i riksdagen som i dag drivs av uppriktiga ambitioner att förändra och förbättra. Folket. Landet. Samhället.

Kära partiledare och riksdagsledamöter: det räcker nu med er intellektuella oärlighet och dagismentalitet.

Med vilken rätt vill ni förhindra och motarbeta mobbing bland barn och ungdomar när ni dagligen utövar vuxenmobbning i Riksdags-huset? Vilken trovärdighet anser ni er ha i #metoo-debatten (bland det bästa som hände 2017) och fördöma sexuella trakasserier när ni själva inte städat upp bland era egna partimedlemmar och trakasserar kollegor dagligen i era utskott och debatter.

Politisk korrekthet kan aldrig ersätta genuin omsorg och empati! Arrogans kan aldrig skapa förtroende och tillit.

Inför valet 2018 så förväntar sig det svenska folket ett politiskt klimat där gamla synder förlåts, historiska misstag begravs och att en politisk ärlighet och respekt infinner sig. Det handlar faktiskt om nuet och landets framtid!

Ni återfinns inte på valsedlar för att söka era egna maktpositioner och utöva ert översitteri genom förtal och mobbing av era politiska motståndare. Ni är valda av folket för att tjäna folket!

Vi har tröttnat på er flathet och er pinsamma feghet gentemot den europeiska elitismen och maktfullkomligheten inom EU. Sluta slicka och svansa för de korrupta ledarna i Bryssel och lyssna till vad era landsmän från Treriksröset till Smygehuk känner istället! Väx upp och visa att ni vill ta ansvar för vårt land och vår framtid.

Ge oss nu bevis på att ni verkligen bryr er om våra barn som är vår framtid såväl som våra pensionärer som arbetat hårt och byggt det land och det samhälle som vi andra nu får njuta välsignelsen av att leva i.

Visa oss vägen! Visa ledarskap! Visa mod!

JIMMIE OCH DE SJU DVÄRGARNA

kallestrokirk.se

67 dagar kvar till valet och den politiska paniken går inte längre att dölja. Sossarnas partisekreterare Lena Rådström Baastad skickades i fredagens Rapport framför TV-kamerorna och var tvungen att erkänna att Socialdemokraterna hade tappat väljare under en ganska lång tid, men att "vi kan se att det tappet har avstannat nu". Hur i självaste ska de lyckas dölja Stefan Löfvens arrogans och okunskap enda fram till valdagen?

Alliansens överenskommelse om att ge Sverigedemokraterna ordförandeposter i olika utskott i riksdagen efter valet, höll i sisådär 12 timmar innan Björklund och Lööf kröp tillbaka in i sina PK-hålor. Sen hackade Lööf ur sig några lama nödlögner om att "de hade misstolkats" och missbedömt kraften bakom förslaget. Björklund skylde på att "Socialdemokraterna har sagt nej så frågan är död".

Det är för mig fullständigt obegripligt hur partiledare som Jan Björklund och Annie Lööf gång efter annan kan mobba, ljuga och förråda i den takt och omfattning de gör, utan att de allvarligt behöver konfronteras med sitt svek och sin falskhet.

Vad vi i förra veckan beskådade, var ännu ett exempel på en politisk kartellverksamhet som saknar motstycke i svensk politisk historia. Den katastrofala, och mot väljarna så oärliga decemberöverenskommelsen, var för uppenbar för alla.

Där fanns det även en formell muntlig överenskommelse som KD av en händelse råkade slå hål på. Men hela 7-klövern (alla partierna förutom SD), insåg att man var tvungen att fortsättningsvis dölja sitt elitistiska och korrupta agerande för alla Sveriges väljare.

Därför skapades den nya taktiken där de med tystnad och subtila budskap började signalera sina agendor så man kunde fortsätta sin kartellverksamhet mot SD.

Sverige leds i dag av en politisk kartell! Utanför den politiska världen straffas all kartellverksamhet med skyhöga böter, repressalier, långa fängelsestraff och alla möjliga juridiska påföljder. Karteller anses vara grov kriminell verksamhet som i moderna samhällen alltid har bekämpats av rättssamhället.

Förr i tiden kallades det maffia, och den styrde samhället genom fruktan, hot och våld. Numera heter det politisk elit och mainstream media. Men det är samma sak och samma metoder. Enda skillnaden är att fysiska vapen och avrättningar har ersatts med verbala utfall och medial styrning av information och förtal.

Mitt i allt detta står vi nu inför ett ödesval och beskådar Jimmie och de 7 dvärgarna. Snövit har bytts ut med en demoniserad, bespottad och föraktad visionär och dvärgarna har numera blivit partiledare. De är moraliska dvärgar. Och intellektuella dvärgar. Utan respekt för svenska folkets vilja, val och röstning. Och de besitter fräckheten att fortsätta uttala sitt intakta hat och förakt mot folkets vilja. Ty deras makt skola inga röster få hota. Än mindre få minska.

I det postmoderna samhälle vi i dag lever i, så är det inte ledare och hjältar med visioner som politiker och media letar efter. De letar efter minoriteter och offer. Det är inte sanning och lösningar man jagar efter att hitta. Utan det sökes med ljus och lykta efter vem det är mest synd om. Vilka nya grupper man kan skapa och skaffa sig röster från. Vilka politiska fördelar man kan roffa åt sig och vilka mediala sympatier man kan skapa.

I den politiska kartellens värld är allt tillåtet. Så länge man inte blir avslöjad och så länge makten förblir intakt! Målet är inte längre att främja sanningen utan det är att förkovra sig och bli så skickliga som möjligt på att ljuga och trixa med siffror.

Från vagga till grav försöker det svenska samhället skapa lagar och regler för hur vi ska leva, vad vi ska tycka och tänka, hur vi får tala och på vilket sätt vi får yttra oss. Arbetarrörelsens fantastiska arbete med att bilda folket har utvecklats till något helt annat som numera har havererat i en politisk och medial diktatur som heter "Politisk korrekthet". Den judiska visionären Hosea sade en gång: "Folk och samhällen fördärvas och dör för att de inte kan skilja mellan vad som är sant och falskt."

Sanningen i Sverige har ersatts av "min sanning" och fakta har ersatts med känslor. Problemet är bara att känslor inte kan diskuteras och ligga till grund för politiska beslut. Det kan enbart fakta! Enstaka individers "sanning" kan inte vara vägledande för lagstiftning. Det kan enbart verkligheten!

Vilket parti i Sverige i dag har en faktisk vision? Vilka partiledare har ryggrad nog och tillräckligt mycket mod att säga vad som är rätt och fel? Vem kan leda Sverige in i de kanske mest kritiska kommande fyra år någonsin?

Är det Jimmie eller är det någon av de sju dvärgarna...?

ANNIE LÖÖFS
VERKLIGHETSFLYKT

Snipp snapp snut!
Så var sagan slut
och Annie Lööf
blev statsminister!

Jag har aldrig tittat på en skräckfilm i hela mitt liv. Men att se och lyssna på Annie Lööf igår i Almedalen måste vara snudd på samma kategori av upplevelse. Att lyssna till alla hennes "vi behöver" utfästelser gör mig inte bara orolig. Man blir skräckslagen!

Mörkrädd över hennes verklighetsfrånvända politiska bild, och livrädd för vilka konsekvenser hennes nitiska mobbningsmekanismer får. Dessa mekanismer som hon ständigt använder sig av.

Hur i hela världen kan en partiledare resonera som hon gör inför ett så ödesdigert val? Hon tror på fullaste allvar, och uttalar med en frenetisk självsäkerhet, att alliansen efter valet ska ta över regeringsmakten med stöd av Socialdemokraterna.

Problemet är bara det att det inte finns en socialdemokratisk ledare i hela detta land som kommer gå med på det! Löfven och hans ministrar bara skakar på sina huvuden och säger ett unisont "Aldrig i livet". Politiska kommentatorer kliar sig i huvudet. Och svenska folket bara skrattar åt denna bottenlösa naivitet medan Annie själv fortsätter sina försök att hjärntvätta hennes väljare med vad som kan bli årets nitlott.

Om Annie bara kunde lägga sin självdestruktiva nitiskhet åt sidan och se verkligheten! Med en borgerlig allians i samarbete med SD kan till och med Centern få igenom en del av sina bra förslag.

Men med en mobbande politisk pöbel under ledning av Lööf och Björklund kommer en politisk förändring och ett regeringsskifte 2018 vara omöjlig. Detta är mera skrämmande än alla skräckfilmer i hela världen.

DEN TICKANDE BOMBEN

Snart kommer IS-barnen hem

kallestrokirk.se

Man blir inte en häst bara för att man går in och ställer sig i ett stall. Ej heller en bil om att man lägger sig i ett garage. Och ingen tror heller på att man blir en svensk bara för att man öppnar upp gränserna, fyller asylboenden, håller lite SFI kurser, ger invandrarna massa bidrag och hoppas på att "allt löser sig". Ingen! Förutom våra styrande politiker, PK Maffian och det elitistiska etablissemanget i media.

Jag anser det vara den största självklarhet att vi som välsignats med att få växa upp i eller leva i Sverige, måste ta ett stort socialt och humanitärt ansvar för människor som far illa i krigshärjade områden och av olika skäl måste fly för att rädda sina barn och familjer undan förföljelse och död. Problemet är bara det att våra styrande politiker i åratal inte har haft någon plan för hur våra insatser ska riktas.

Vilka ska vi hjälpa? (En fruktansvärd svår fråga.) Hur ska vi hjälpa dom och vart ska vi hjälpa dom? Och till vilket pris? Vi vanliga människor får lära oss såväl privat som på våra arbetsplatser att göra riskanalyser (beräkna våra styrkor, svagheter, möjligheter och hot) innan vi gör stora satsningar och investeringar. Detta har de flesta av våra riksdagsledamöter fullständigt blundat för. Eller på ren svenska "skitit högaktningsfullt i". Nu har sedan länge verklighetens konsekvenser gjort sig skrämmande och obehagligt påminda.

Veckans avslöjande av de två muslimska nämndemännen i Solna som friade en kvinnomisshandlare för att deras Sharialag ansågs smälla högre än Sveriges Rikes lagar, är bara ett av tusentals exempel på vad som händer i dagens Sverige. "Mannen var ju från en bättre familj och kvinnan borde gått till sina muslimska ledare istället för polisen när hon blev brutalt misshandlad" kunde vi läsa oss till i domen.

Maud Olofsson och Centerpartiet har i åratal försvarat denna typ av politiker och förespråkat detta beteende under banderollen "mångfald". Tillsammans med framförallt Miljöpartiet har man basunerat ut sin öppenhet och förståelse för det nya mångkulturella samhället.

Problemet är bara det att vare sig de eller den övriga politiska eliten har en susning om vad de har ställt till med! Man drar till med nervösa och panikartade utspel samt uteslutning från sina respektive partier när verkligheten blir FÖR uppenbar. Som när deras manliga medlemmar inte vill ta kvinnor i handen när de hälsar, just för att de är kvinnor. Eller när deras muslimska partivänner vill ha sharialagar istället för våra svenska lagar. Vi har i veckan firat den Internationella kvinnodagen. Rätt så!

Jag är så fruktansvärt trött på alla skamlösa mäns attityder och beteenden mot kvinnor! Men vad gör de styrande politiker med den betydande delen av våra nya invandrare som har med sig sin vidriga kvinnosyn och sina fruktansvärda hållningar mot judar, kristna och homosexuella? Man blundar. Blundar. Och blundar!

Kära politiker, det är dags att vakna nu! När alla dessa invandrare kommer till Sverige så har de inte med sig enbart resväskor, ryggsäckar och påsar. De kommer med kulturer, övertygelser, värderingar, traditioner och religion som inte enbart skiljer sig från våra. Men som i mångt och mycket är diametralt motsatta av våra, och i många avseenden direkt fientliga mot de värderingar och traditioner som Sverige har byggts på. Och media är givetvis i maskopi med den politiska eliten även kring detta.

Tidningar och TV vägrar t.ex. ofta omnämna våldtäktsbrott och andra grova brott när de begås av invandrare. Fakta och undersökningar som inte passar in i den politiska skildringen, PK maffians berättelser och medias framställningar tystas ner eller förlöjligas. Den fruktansvärda segregering som äger rum runt om i Sverige tystas oftast ner eller i "bästa fall" bagatelliseras.

Den ökade islamiseringen av förorter och grupperingar förnekas, och de politiker som ser detta och försöker väcka de etablerade politikerna är lätträknade. Poliser som slår larm tystas ner och anklagas för att vara rasister. Debattörer marginaliseras och demoniseras. Och när Trump säger att Sverige har problem med invandrare, ja då tar det fullständigt hus i helvete.

När Fadime mördades av sin pappa 2002, ställde sig våra politiker med Mona Sahlin i spetsen och deklarerade att "detta ska inte få hända i vårt Sverige". Två månader innan hon avrättades höll Fadime ett tal i riksdagen om vad som var på gång. Tror du politikerna brydda sig? Tror du åtgärder vidtogs? Icke. Bara några pliktskyldiga applåder gavs. Sen var det "back to business as usual".

Idag har deras röster och tomma löften krympt till en liten Fadimegala arrangerad av GAPF varje år. All heder för detta! Men det räcker inte!

I samband med årets gala i januari sade Jan Björklund: "Toleransen måste ha gränser och vi får inte ge oss." Eller hur, Björklund! Inget annat än flera ihåliga och tomma ord. 250 000 människor uppskattas leva i hedersförtryck i Sverige i dag. 250 000! Sen börjar Björklund svamla om att friskolor måste förbjudas. Han verkar tro att det är i friskolorna de lär sig att misshandla och mörda flickor och kvinnor...

Riksdagen sätter inga gränser, utan politikerna viker ner sig gång efter gång. Man vill ju inte riskera att någon ska känna sig "kränkta" om man vidtar kraftfulla åtgärder.

I Norge hade vi en man vid namn Vidkun Quisling som svek sitt land. Han var också politiker. I Sverige i dag har vi inte en Quisling som honom. Men det finns ett oerhört svek mot våra kvinnor. Våra pensionärer. Mot arbetar- och medelklassen. Mot landets väljare. Mot vårt arv och våra traditioner. Det verkar vara fullständigt legitimt att offra allt detta på den politiska korrekthetens altare. Så länge de kan dölja sitt ansvar och sin försummelse.

Merparten av våra politiker är i total avsaknad av ryggrad och heder! Om det inte vore så hade Sverige sett väldigt annorlunda ut i dag. Hur många flickor ska behöva dö? Hur många Solna-domar ska vi behöva få? När är gränsen nått?

Hur länge tycker ni politiker att vi väljare ska tolerera ert usla skådespeleri och överslätande av verkligheten runt om i Sverige 2019? Hur tänker ni reparera era förödande misstag?

För egen del är måttet rågat. Det räcker nu. Vi har fått nog. Ta ansvar. Gör om och gör rätt. Nu!

Bomben tickar och jag lovar att ingen vill ha den explosionen.

35

DET SNOOZANDE FOLKET

Vad ska vi göra med alla
fattigpensionärer på
parkbänkarna?

Tja! Vi får väl ta
bort bänkarna!

kallestrokirk.se

När den begåvade och folkkära Gry Forsell för någon vecka sedan fick frågan i TV4 om hon under sina 14 år som programledare i den populära morgonshowen "Äntligen morgon" på Mix Megapol någon gång hade försovit sig, svarade hon snabbt: "Aldrig!" På frågan om vad som var hemligheten svarade hon direkt: "Jag snoozar aldrig! Om man snoozar är det kört! Då somnar man bara om."

Majoriteten av det svenska folket har i åratal snoozat när alarmerande fakta, beslut och konsekvenser har kommit avseende bl.a. äldrevård, sjukvård, pensionssystem, kriminalitet, invandring och överstatlighet från EU. Om detta nu fortsätter så är det som Gry så klokt sade "kört"! Då somnar man om och galenskaperna får ostört fortsätta. Vi har kommit till en punkt där vi som nation måste sluta snooza.

Sverige behöver vakna ur den falska trygga sömn som vi i årtionden har vaggats in i av politiska ideologier och oärliga och makthungrande politiker. Grundläggande har handlat om att den politiska eliten och staten ska bestämma vad vi ska tycka, hur vi ska leva och på vilket sätt vi ska förhålla oss till vår omvärld och dens utveckling.

Ordet "snooza" betyder att vakna långsamt. Det kan vara mysigt på dagar när man inte har några tider att passa, har sina små barn omkring sig i sängen eller ligger bredvid någon man älskar.

Men om det brinner, är full rökutveckling och du har blåljus och sirener utanför ditt sovrumsfönster, så kanske det inte är läge att "vakna långsamt". Då handlar det oftast om marginaler innan allt tar hus i helvete! Sen är det "kört" på riktigt!

Fredrik Reinfeldt skrev i sin bok som han gav ut 1993, att "svenskarna är mentalt handikappade och indoktrinerade att tro att politiker kan skapa och garantera välfärd". Svenskarna är absolut inte mentalt handikappade! Men fler och fler inser däremot att vi har blivit indoktrinerade. Vi har blivit lurade, blåsta och bedragna.

Våra politiker har under åratal i sina politiska ambitioner och sin hunger efter makt och inflytande gett oss löften och förespeglingar som de aldrig har haft för avsikt att infria. I sin jakt på röster och i sitt röstfiskande, har lögner och "halvsanningar" varit legitima vapen för att säkra makten och bestämmanderätten.

Vi lever i en tid där "det onormala har blivit så normalt att det normala har blivit onormalt". Och väldigt få vågar påpeka skillnaderna. Inom politiken och i media har det i dag blivit normalt att ljuga, förtala, förvrida och förvränga. Men jag vill inte längre att detta ska vara "normalt". Jag önskar ha tillbaka egenskaper som ärlighet, pålitlighet, redbarhet och moralisk pliktkänsla. När blev det fel att efterfråga och förvänta sig god gammal hederlighet?

Rättigheter vill alla ha. Men skyldigheter och plikter är inte så populärt. Jag tror inte jag är ensam om att känna så här, och därför hoppas jag innerligt att Sverige nu slutar "snooza" och bestämmer sig för att göra som Gry Forsell.

I veckan har ett av de stora samtalsämnena varit om vi i Sverige ska tillåta att moskéer ska få ha böneutrop från sina minareter. Efter ökande krav från svenska folket och Jimmie Åkesson om ett stopp för politisk korrekthet och partipolitisk feghet i frågan, har nu Björklund, Kristersson och Busch Thor stått upp och deklarerat att de är skeptiska och inte vill ha det. Detta är Sverige. Respekt! Eller som Gert Fylking brukar säga: "Äntligen!"

Annie Lööf däremot kör strutsvarianten med hela röda mössan i sanden och vill inte säga vare sig det ena eller andra. Vår statsminister fortsätter "snooza" tillsammans med Miljöpartiet och vänstern genom att låtsas att kravet på böneutrop ska upphöra genom att fegt kasta över frågan till landets kommuner. Kära Stefan Löfven: Vakna och våga leda!

Är du svenska folkets statsminister eller är du de muslimska invandrarnas ambassadör och företrädare? Det har tyvärr en länge tid varit svårt att bedöma vilken roll du anser att du har.

Det är lätt att vara kaxig och okunnigt såga Donald Trump i en svensk TV-soffa. Men så fort man ställer Löfven på ett podium i Vita Huset som förra veckan där Trump påtalade Sveriges digra problem kring invandring och smygande islamisering, så börjar han nervöst skratta och svamla om att "visst har vi utmaningar med integrationen i Sverige". Utmaningar? På riktigt?

Bilar brinner för jämnan och parallella samhällen jäser över hela landet medan Löfven och hans regering och Sveriges Riksdag "snoozar" sig genom sina dagliga debatter i sin politiska sandlåda.

I denna sandlådan bjöd Löfven i tisdags in alla partier till samtal om en skatteuppgörelse. Samtliga partier var välkomna. Förutom Sverigedemokraterna. För i Löfvens sandlåda får bara de "riktiga" barnen leka. Här gäller inte Aftonbladets kampanj "Gilla olika". För i riksdagens sandlåda är det inte bara tillåtet att mobba.

Det är även legitimt att diskriminera människor och spotta över 13% av Sveriges hårt arbetande väljare och skattebetalare rakt i ansiktet. Och när man har spottat klart så passar man på att sparka och slå lite extra för att på riktigt visa de andra barnen i sandlådan hur modig och duktig man är.

Alla barn är oftast barnsliga. Barn skiter ner sig. De ljuger och hittar på dumma saker och förstör. Det är normalt! Vad som INTE är normalt är att vuxna gör detta och betar sig som barn.

Med mindre än sex månader kvar till valet så hoppas jag våra ledande politiker snabbt kan växa upp från att vara barnsliga muppar till att bli ansvarstagande och hederliga ledare. Många hoppas och ber om att detta ska hända. Svenska folket förtjänar det och Sverige behöver det!

Så frågan vi behöver ställa oss nu är om vi vill fortsätta "snooza" oss fram i tillvaron eller om vi ska vakna, stå upp och börja agera.

Vi lever tyvärr inte längre i ett mysigt samhälle. Sörgårdsidyllen är ett minne blott. Det är 2018 nu. Den brutala verkligheten dunkar på våra dörrar och det är obehagliga bilder som möter oss utanför våra sovrum.

Följ Grys exempel: Snooza aldrig! Vakna upp. "Annars är det kört!"

NÄR JOURNALISTER GÅR FRÅN ATT GRANSKA TILL ATT DÖDA

kallestrokirk.se

Att media styr och sätter agendan i dagens samhälle är det rätt få som förnekar numera. Huruvida det är bra eller dåligt ligger givetvis i betraktarens ögon.

Vad som däremot är av största betydelse är att vi, folket, förstår vilka krafter som ligger bakom det informationsflöde som dagligen skickas ut i tidningar, tv, radio och på internet. Medias jakt på ekonomiska vinster, läsare, tittare, lyssnare och deras hunger efter att få återpubliceringar av sitt material gör att deras moral och etik för länge sedan har offrats på sanningens altare.

Förra helgen blev jag igen brutalt påmind om detta på ett vidrigt och motbjudande sätt. Aftonbladets horribla metoder hade åter igen resulterat i att en människa tagit sitt eget liv på grund av deras hänsynslösa jakt på rubriker och löpsedlar.

Stadsteaterns vd, Benny Fredriksson, tog sitt liv. Han orkade inte längre med tidningens lögner och förtal. Nuvarande vd, Sture Carlsson skrev i veckan: "Benny Fredriksson lämnade abrupt sitt livsverk till följd av ett gränslöst mediedrev. Det var både fruktansvärt sorgligt och orättvist. Hos honom skapade det ett sår som icke gick att läka. Det är en stor tragedi."

Aftonbladets kulturchef, Åsa Linderborg, ledde lynchmobben och anklagade honom för att ha "tvingat en skådespelare att genomgå en abort".

Denna vecka har en fru vaknat utan sin älskade man, en son utan sin omtyckta far, och ett barn utan sin förtjusande farfar. Allt tack vare Aftonbladet!

Lena Mellin och Åsa Lindeborg struntar högaktningsfullt i hur deras lynchmobb förstör människors liv, förtalar, hänger ut, smädar och förfalskar sanningen. Och de erkänner fräckt att "vi ångrar ingenting". Vem har skapat dessa känslokalla och utstuderade monster? Ännu en människa har begått självmord …

Sedan när blev det journalisters uppdrag att leka poliser?

Som om detta inte vore nog, så försvarar sig Aftonbladet med att detta var under #metoo-perioden, och hävdar att det bottnade i deras engagemang för kvinnor som drabbats av sexuella trakasserier och övergrepp. Eller hur! Aftonbladet är nog redan vinnare av "Årets Hyckleripris 2018".

Denna tidning vars fantastiska sportjournalist, Jennifer Wegerup, som under åratal blivit utsatt för sexuella trakasserier från kollegor fick sluta nu i januari. Varför?

Hennes kollega på tidningen, Robert Laul, hade på fyllan sjungit "Vi har knullat Jennifer Wegerup" och över 50 000 lyssnade på detta Youtube-klipp. Däribland hennes lilla dotter som en dag kom gråtande hem från skolan och berättade att hon hade sett detta klipp om sin mamma …

Så hur agerar Aftonbladet? Jo, Robert Laul får experthjälp med sitt alkoholmissbruk, och Jennifer möts av total tystnad från sina chefer och får sluta. Hon var ju kvinnan i "männens värld".

Sådan ser Aftonbladets jämlikhet ut. Så mycket är #metoo värd i Aftonbladets värld. Detta är Aftonbladets sanna ansikte. Det är så provocerande att man inte hittar ord som nog beskriver deras tölpighet och kvinnoförakt.

Det finns självklart duktiga, ärliga och hederliga journalister. Tack och lov! Problemet är bara det att precis som med otaliga djurarter, så är de 2018 utrotningshotade! Och detta är något som all kvällspress sysslar med, och tyvärr också en stor del av övrig press är delaktiga i samma agerande. Idag blir människor uthängda och anklagade i media utan att på något sätt kunna försvara sitt namn och heder.

Jag känner personligen tre människor som försökt ta sina liv på grund av mediedrev och journalistiska attacker. Alla tre visade sig vara oskyldiga.

Hur många ska behöva ta sina liv på grund av tidningars nitiska sökande efter egen vinning? 2018 har media blivit ryktesspridare, anklagare, åklagare, domare och bödel. Såhär ser den beklämmande verkligheten ut gott folk! Och det gäller inte bara inom kulturen eller nöjesvärlden.

Det mest skrämmande är att det ser likadant ut inom politiken, näringslivet och samhällsdebatten. Till och med i etablerade och tidigare respekterade medier har trovärdigheten och den journalistiska neutraliteten urholkats.

Medias roll är att vara granskande! Absolut. Men stark journalistisk integritet är avgörande för trovärdigheten. Den som granskar samhället måste också själv kunna tåla att bli granskad. Att journalisten visar hänsyn i arbetet på fältet och i sitt arbete strävar efter att rapportera korrekt är viktigt för allmänhetens förtroende. Lita inte blint på det som skrivs och sägs i media. Eller i din umgängelsekrets för den delen! Ta reda på fakta! Kolla själv vad som är sant.

En princip jag har för egen del är att inte svälja vad jag hör eller läser såvida jag inte själv har hört det eller sett det. Jag försöker alltid kolla vem eller vad som är källan. Allt är inte relativt! Det räcker inte att media är relativt tillförlitliga. Vem vill ha en relativt ärlig ekonomichef? Eller en relativt trogen partner?

Jag tror majoriteten i vårt land vill ha sanningen. Sanningen svider ibland men den är befriande när vi väl upptäcker den. Ta reda på fakta. Sök sanningen. Förkasta lögner och förtal.

47

ATTACKERA IDEER – INTE MÄNNISKOR

Räddaren i nöden?
WWW.KALLESTROKIRK.SE

"Jag attackerar idéer.
Jag attackerar inte människor.
Vissa väldigt goda människor
har några väldigt dåliga idéer.

Och om du inte kan skilja åt dessa två,
då måste du skaffa dig ett annat jobb."

Dessa orden sades av en av USA:s mest respekterade medlemmar någonsin i Högsta Domstolen, den konservativa domaren Antonin Scalia.

Vi lever i en tid av polarisering där motsättningar mellan människor eskalerar och där tonläget har blivit allt högre och i vissa fall nästan otäckt. Människor har allt svårare att skilja mellan sak och person, mellan fakta och fejk news och mellan sanning och lögn.

Aldrig tidigare i historien har vi haft enklare och lättare tillgång till information. Aldrig någonsin har vi haft större möjligheter att tillgodogöra oss historiska fakta och beskrivningar samt analyser av ideologiska konsekvenser.

Vi besitter i dag en unik möjlighet att tillgodogöra oss insikter som vi skulle kunna använda oss av för att skapa ett optimalt samhälle. Ett samhälle med ledord som medmänsklighet, tolerans, förståelse och kärlek. Trots allt detta så ser vi precis motsatsen!

Orsaken hinner jag inte gå närmare in på just nu, men man kan konstatera att någonting har gått fullständigt fel. Katastrofalt och monumentalt fel. Vårt samhälle har skapat en generation vars största fruktan är att inte "passa in och att inte vara omtyckt".

Samtidigt har samhället lyckats omvandla en stor del av den äldre generationen att "abdikera" och överge sina moraliska kompasser. Med förödande konsekvenser. Detta har odlat fram idéer och åsikter som kommit att få namnet "politisk korrekthet". Vilket betyder att man överger sina traditioner, övertygelser och värderingar till förmån för vad "den stora massan" anser vara rätt och riktigt.

Politisk korrekthet är inget annat än god gammaldags feghet, rädsla och mesighet! Vad vi tragiskt nog kan konstatera 2019 är att vi inte lärt oss någonting överhuvudtaget av historien. Den upprepar sig bara i en ny skepnad. I nya förklädnader och i nya formuleringar. Av bättre maskerade och mera sofistikerade människor. Men det är samma gamla okunnighet, förakt, begär och hat.

Den judiska kungen Salomo sade en gång: "Det som blivit gjort, kommer att göras igen, och det som hänt kommer att hända igen, Det finns inget nytt under solen."

Vad vi däremot kan göra är ändra på hur vi väljer att förhålla oss till det som händer. Om vi vill vara mer mogna, insiktsfulla och reflekterade än vad människor historiskt sett har varit.

Hur mycket stollerier ska vi behöva stå ut med? Hur många gånger ska vi acceptera att bli lurade och blåsta? Hur hårt är vi villiga att bli kontrollerade? Hur vingklippta och åsiktsstympade vill vi bli? Hur länge ska omgivningen få diktera vad vi ska känna och tycka?

Galenskapernas galjonsfigurer talar om för oss allt ifrån nödvändigheten att ändra namn på bakelser, ändra språket i vår älskade Astrid Lindgrens berättelser och på Walt Disneys tecknade figurer, till hur vi får omtala och bedöma samtidens händelser och utveckling. Så fort vi uttrycker egna reflekterande och avvikande åsikter i den politiska korrekthetens ögon, så blir man demoniserad och stigmatiserad. Då blir man plötsligt anklagad för hat och intolerans.

Det skrattretande men också skrämmande i dagens samhällsdebatt, är att de som förespråkar tolerans och högt i tak, är de som skriker högst och snabbast när andra vågar ifrågasätta och uttrycka avvikande åsikter. Man ska tystas ner och ställa sig i ledet som alla andra. Egna åsikter ska inte legitimeras. Egna övertygelser ska inte kommuniceras. Ärvda värderingar ska inte längre få fotfäste.

Därav följande resultat: En regering utan civilkurage och rättvisetänk. Politiker som inte har förstått allvaret och konsekvenserna av sina policys och beslut.

Vi har en ärkebiskop i spetsen för en statskyrka som fullständigt har spårat ur teologiskt. Ett medielandskap bestående av till stor del korrupta och oärliga journalister. En ekonomisk elit som binder fast folket med ständigt nya krav och regler. Slutmålet är total kontroll och herravälde.

Den politiska och ekonomiska eliten är beredda att göra i princip vad som helst för att säkerställa att makten koncentreras och media är verktyget de använder i sin kamp för att uppnå sina mål. De vill kontrollera våra åsikter, vår tro, vår ekonomi och våra liv.

Jag har aldrig tyckt om konspirationsteorier! De har oftast sina ursprung bland extremister och anarkister. Men det är annorlunda nu!

Det är för många bevis och uppenbara händelser som tydligt pekar på vilken väg vi befinner oss på. Hotbilderna är på riktigt. Det är inte längre konturer vi kan ana. Vi ser verkliga bilder och faktiska verkligheter. Historiskt sett har majoriteten aldrig haft rätt. Slaveriet avskaffades p.g.a. några få som startade uppror. Kvinnors rösträtt och kampen för kvinnors rättigheter började med att några få ställde sig upp och revolterade mot patriarkatet.

Frihet från förtryck har alltid börjat med att minoriteter har börjat kämpa. Segregeringen i USA bröts av den tappra Rosa Park och rasismen fick dödsstöten av den fantastiska Nelson Mandela. Även den skrämmande situation vi i dag har i Sverige kan ändras. Vad önskar vi?

Vad vill folket? Jag vet jag har ställt frågorna förut. Men jag tror faktiskt på svenska folket och deras vilja att vakna. Deras sunda förnuft och deras innersta önskan att göra rätt. Vi måste bara våga ta fajten. För våra barn. För våra pensionärer. För samhällets hörnstenar. Mot islamisering. Mot kriminaliteten och maktmissbruket. Mot oheliga allianser och korruption.

Men det kommer att krävas mod. Det kommer att krävas civilkurage och djärvhet. Med uppriktighet, respektfullhet, sanningen och rättvishet som vapen. För vi attackerar idéer. Vi attackerar inte människor.

Vissa väldigt goda människor har några väldigt dåliga idéer!

53

OM ALLT GÅR ÅT HELVETE, SÅ FÖLJ INTE EFTER

NÄR MILJÖPARTISTER BLIR MILJARDPARASITER

Dum
dummare
miljö-
partiet

Vi
bör
äta
snor för
klimatets skull!

kallestrokirk.se

Parasitism är ett förhållande mellan organismer där parasiten utnyttjar värdorganismen för egen vinning på ett sätt som skadar värdorganismen. Under en täckmantel av miljötänk har Miljöpartiet i decennier byggt upp en politik där man med löjeväckande skattepåslag och ett extremistiskt hat mot allt vad man anser vara miljöbovar.

Flyg, bilar, båtar, kossor och Gud vet allt vad de har listat upp. Och miljardnotorna får skattebetalarna stå för. Med sin skrämselpropaganda har de försökt att skrämma såväl politiker som vanligt folk till tvångsmässiga beslut. Allt under hot om växande global uppvärmning och att Sverige inte längre kommer ha snö.

Den 5 december 2006 sade meteorologen Pär Holmgren i Expressen: "Om 20 år kommer Sverige ha glömt hur man åker skidor och Vasaloppet är ett minne blott." Och detta hade Miljöpartiet redan sagt i flera år. Tjena!

Jag har sedan barnsben älskat Astrid Lindgren. Och favoriten har alltid varit Emil i Lönneberga. Kanske för att jag som liten ansågs vara en Emil av såväl familj som övriga omgivningen. Förutom Astrids fenomenala berättelser så hade hon en gåva att formulera enkla sanningar i en ofta komplicerad och paradoxal värld. En värld där det enkla och förnuftiga hela tiden ifrågasätts, föraktas och förlöjligas.

Ett av mina favoritcitat av Astrid är: "När människor med makt slutar lyssna på folk, då är det dags att byta ut dem!"

Jag hoppas från djupet av mitt hjärta att svenska folket vaknar och ser vilket elände och katastrof Miljöpartiet har ställt till med. Det är som tur är inte ett stort parti, men deras inflytande i regeringen och lagstiftningen har varit fullständigt förödande.

Om de får fortsätta även efter höstens val så kommer hundratusentals människor få sin ekonomi kraftigt ansatt och ett par miljoner svenskar kommer få sina dagliga rutiner och logistik raserade.

Det mest fördelaktiga man kan säga om Fridolin, Lövin & Kompani, är att aldrig någonsin i svensk politisk historia, har så få haft så mycket att säga till om för så många. Och på så kort tid hunnit förstöra så mycket.

Miljöpartiet har tagit fäste på vad Pippi Långstrump sade: "Man tar lite härifrån och lite därifrån och joxar ihop det så blir det lagom jox." Men det blev tyvärr inte lagom jox. Det blev fullskaligt extremistiskt jox!

Personligen är jag stor anhängare av att vi ska ta vara på och vara rädd om vår planet! Men Miljöpartiet har implementerat jox med vansinniga ombyggnationer i trafikmiljöer i våra byar. Jox med utplåning av P-platser och körfiler för bilägare.

Svenskar ska enbart gå, cykla, åka buss och köra tåg. Död åt bilarna! Jox med att införa miljözoner och förbjuda hundratusentals bilister att köra sina barn och familjer genom stora delar av byar och städer. Trots att luften är renare i Stockholm än på 50 år vill Miljöpartiet förbjuda bilar i hela stadsdelar i centrum!

Jox med att hundratusentals bilägare får värdet på sina högt belånade bilar att störta samtidigt som miljöpartisterna själva nyttjar taxi på skattebetalarnas pengar mer än några andra partiledamöter.

Om Miljöpartiet får sin vilja igenom ska svenska folket enbart få gå, cykla, åka tåg eller buss. De mest förmögna kan dock få köpa elbilar. Jox rörande invandring och islamisering. Miljöpartiet har en vision i sitt partimanifest om en värld utan gränser där alla kan flytta, men ingen tvingas fly.

De har muslimska partiprofiler som aktivt propagerar för att Sveriges lagar ska vara muslimska lagar underordnade. Som inte vill ta kvinnor i hand och visa dem den respekt de förtjänar. Jox rörande jämlikhet och diskriminering.

Deras höga svansföring och ständiga mässande om jämställdhet är inget annat än ett politiskt skämt. De förespråkar nämligen att kvinnor och män inte ska bada tillsammans i våra badhus för det anser ju en del av våra nyanlända. Så mycket för ett århundrade av kamp för lika rättigheter mellan kvinnor och män.

Detta ynkliga parti vägrade nyligen rösta för en ny lag MOT barnäktenskap tillsammans med ryggradslösa socialdemokrater och vänsterpartister. Det är så skamligt och provocerande att man tappar talförmågan! Snacka om att förråda en hel generation.

Jox med att införa att vilja införa ett tredje kön. Det är helt fascinerande vilka resultat som uppenbarar sig när människors hjärnor ska försöka vara "kreativa och nytänkande". Ett tredje kön? Allvarligt!

Ska vi behöva skicka speglar till riksdagen så miljöpartisterna kan klä av sig nakna och upptäcka hur de ser ut under magen? De kommer inte att upptäcka något nytt! Antingen hänger det en pung där eller så finns där en slida. End of story!

Hur många verklighetsfrånvända och bisarra idéer går det att snickra ihop? Det har skämtats om att vården vid mental-sjukhusen avvecklades 1980 och att Miljöpartiet sen grundades 1981. När man läser deras partiprogram och lyssnar på vad deras politiska företrädare faktiskt säger (och i smyg försöker genomföra) i många stora och viktiga frågor, så är det häpnads-väckande! I stark konkurrens med Vänsterpartiet så kandiderar Miljöpartiet till utmärkelsen "Utopipriset 2019".

Min bön och förhoppning är att de åker ur riksdagen. Deras politik är som en ideologisk Molotovcocktail. I en fortsatt regering med Socialdemokraterna, kommer de att ta Sverige på en resa i stil med och ett slut som filmen " Thelma & Louise".

Socialism fungerar bara på två platser: I himlen där de inte behöver den, och i helvetet, där de redan har den. Så vakna upp, Sverige. Det är dags att ta bort allt jox. Och rösta bort Miljöpartiet.

Eller som vår älskade Astrid så underbart sade: Jag har inget emot att dö, bara inte i morgon, jag har en del jag skall göra först.

RÄVARNA I ROSENBAD

Har vi verkligen råd med
att sänka pensionärsskatten?
Javisst! Vi sänker ju
samtidigt deras bostadsbidrag!
kallestrokirk.se

Nu har rävarna i Rosenbad presenterat vårbudgeten. De slår sig självsäkert för bröstet och försöker övertyga oss väljare och media om att nu jäklar kommer det hända saker! Nu ska här satsas på äldreomsorg och sjukvården!

Runt om i världens olika kulturer och länder förknippas olika djur med olika egenskaper. Räven anses vara intelligent, uthållig och har förmågan att överlista både sina fiender och sina byten. Den har styrkan att ta sig ur obehagliga situationer helt obemärkt och tyst.

Räven symboliserar slughet, falskhet och kamouflage. Och den klarar sig alltid. Inom en stor del av mytologin figurerar räven även som en symbol för att man blir bedragen och lurad.

Någon som får några associationer? Någon? Det djur som för mig är det mest uppenbara att associera till när jag tänker på politiker är tveklöst räven!

Politiker anses vara smarta, är uthålliga (det borde finnas en maxgräns för hur många år de får sitta i riksdagen), och med facit i hand har de förmågan att överlista både sina meningsmotståndare och svenska folket (som år efter år går på och sväljer deras ständiga återkommande tomma löften).

När de hamnar i obehagliga situationer där deras inkompetens (misslyckanden, felaktiga kalkyler och budgetar) blir exponerad och uppenbar för alla, så har de styrkan att ta sig obemärkt och tyst ur dessa.

Kan du minnas senast det hände att en politiker fick lämna sin post på grund av att han eller hon inte levererade tillfredsställande resultat, eller på grund av sin inkompetens? Finns det någon som kan skicka mig ett bevis på en budget avseende ett statligt projekt där slutnotan har hamnat UNDER den budgeten?

Nya Karolinska sjukhuset skulle få kosta max 14 miljarder. Med facit i hand hamnar slutnotan på 61,4 miljarder. 61 400 000 000. Av dina och våra hårt intjänade skattepengar. Nu försöker regeringen lura och bedra våra pensionärer och sjuka – igen!

Lek med följande tanke: Om vi skulle ställa alla våra pensionärer som enligt Eurostats senaste rapport ligger under gränsen för fattigdom bredvid varandra, med början på Sergels Torg i

Stockholm, så kommer du hitta den sista pensionären i ledet enbart några kilometer söder om Linköping! 18 mil med fattigpensionärer. Vilket monumentalt hån! Det dags att sluta lura våra kära pensionärer.

Senast sänkte man t.ex. skatten för pensionärer, men höjde andra avgifter såsom mat och färdtjänst med motsvarande eller högre belopp. Höj pensionen och ta bort skatten helt för våra fattigpensionärer! Det är vår förbaskade skyldighet att ge dessa hjältinnor och hjältar ett värdigt liv, värdiga boenden och kvalitativ mat på ålderns höst.

Till sjukvården slänger regeringen i vårbudgeten in 400 extra miljoner och förväntar sig att vi ska stå i givakt och applådera denna otroliga satsning. Det är helt horribelt hur det joxas med siffror! Läkartidningen skrev nyligen att enligt SKL, så ökade bara kostnaderna för inhyrd personal i sjukvården under 2017 med 600 miljoner, till totalt 5,2 miljarder. Och det bara fortsätter öka! Vårdköerna har under sittande regering fördubblats i en tid av brinnande högkonjunktur. Hur är det möjligt?

Magdalena Andersson höjer nu skatterna med 60 miljarder. Hårt arbetande människor som betalar redan höga skatter för att få adekvat sjukvård, är tvungna att bara sitta och titta på när våra regerande politiker slösar bort miljoner och miljarder som om det vore monopolpengar.

Förra ordförande i Svensk Näringsliv, Leif Östling, blev medialt avrättad när han sade: "Vad fan får jag för att betala skatt i Sverige?" Säga vad man vill om Östling, men hans fråga är nog ta mig sjutton "Årets bästa fråga 2017".

Lägg därtill att de har legitimerat att anställda på Försäkringskassan numera får lönebonusar i proportion till hur många avslag de ger till behövande sjuka. Tack och lov så ska nu tjänstemannaansvaret återinföras efter att Palme tog bort det 1975. Inte en dag för tidigt.

Ansvaret för allt detta bedrövliga bär givetvis vår statsminister och regering. Hur dumma tror vår regering att svenska folket är? Hur länge ska detta få fortgå? Och hur länge ska de behandla symptomen och fortsätta ignorera orsakerna? När ska de ta sitt förnuft till fånga och börja göra om och göra rätt? Om lögner vore musik skulle Stefan Löfven vara Ludwig van Beethoven.

I vårbudgeten har snillet Fridolin fått igenom att man kan få bidrag till att köpa elmotor till sin båt och fortsatta bidrag till el-cyklar. Och Miljöpartiet har fått igenom att nu ska det också satsas på höghastighetståg. Det ska bara kosta 230 miljarder. Är det någon som på riktigt tror på den siffran? Miljöpartiets partisång borde passande vara Linda Bengtzings "Jag ljuger så bra".

Isabella Lövin säger att detta projekt ska påbörjas så snabbt som möjligt och Stefan Löfven basunerar ut att nu ska här bjudas in till partiledaröverläggningar. Men betonar samtidigt att han inte avser bjuda in partiledaren för det tredje största folkvalda partiet, Jimmie Åkesson. För vår notoriskt mobbande statsminister håller frenetiskt fast vid sin diskrimineringspolicy: "Vi talar inte med Jimmy Åkesson och Sverigedemokraterna". Moget Herr statsminister. Oerhört moget.

Jonas Sjöstedt och hans kommunistkamrater har i budgeten lyckats få igenom att nu ska det min sann byggas biografer på landsbygden. För det är ju näst intill livsviktigt i tider av reapriser på stora platt-TV med Netflix och Apple-TV, att skattepengar ska gå till biografer. Att ingen tänkt på detta tidigare? Fler biografer till folket så de kan glömma sitt elände och förtränga alla brutna löften!

Jag påstår inte att alla politiker är oärliga och dåliga människor. Verkligen inte! Men det blir svårare för varje år att hitta politiker som verkligen är ansvarstagande och har ryggrad nog att erkänna tidigare svek. Och tillräcklig med stake för att tillrättaställa sitt svek och sina historiska dåliga omdömen.

För just nu är det FÖR många som blivit svikna, och FÖR många som blivit lurade för länge av vår regering. Vi är alla bedragna OCH lurade av våra politiker.

"Surt" sa räven om rönnbären!

65

OM ALLT GÅR ÅT HELVETE, SÅ FÖLJ INTE EFTER

FRIDOLINS FALLNA FJÄDRAR

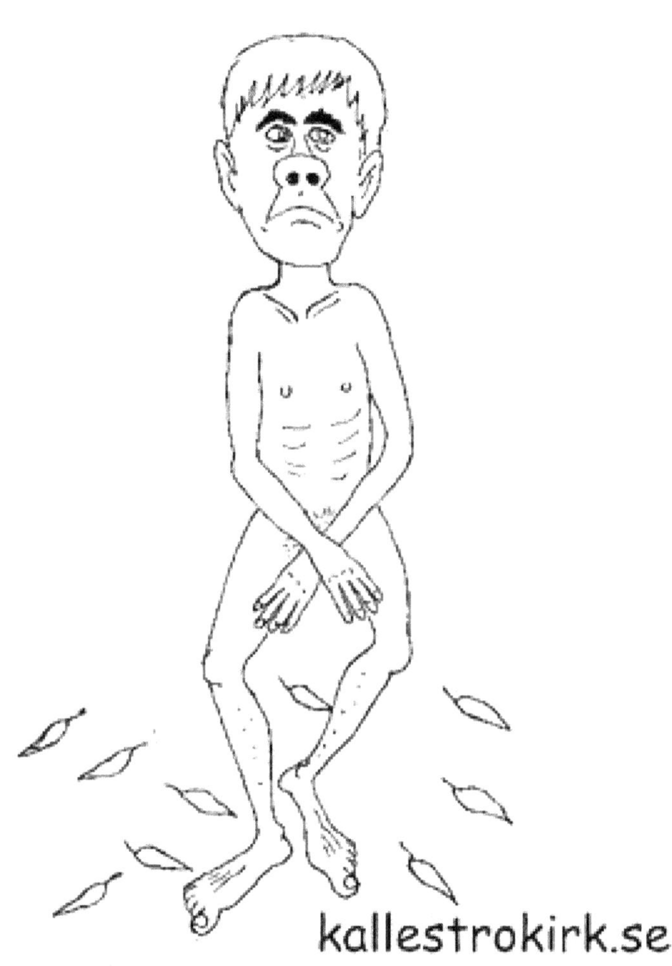

kallestrokirk.se

Ungtuppen Gustav Fridolin rusar i dag ut i media och hälsar att "hatet mot Annie Lööf gör mig förbannad". Det är alltid hedervärt att försvara kvinnors heder. Vi män ska alltid göra det! Det är bara ett problem. Ett kolossalt problem. Nu är det inte hennes heder Fridolin försvarar.

Det är Annies monumentala svek som ska backas upp, sminkas till och målas över. Ett svek så horribelt att det inte kan beskrivas i några tusen tecken i ett enkelt inlägg här i boken. Mot våra barn, behövande, sjuka och pensionärer.

Här monterar regeringen ner landets sjukvård, tvingar in våra pensionärer under fattigdomsgränsen, stänger ner fler och fler BB runt om i landet, och stryper bidrag till våra handikappade och rörelsehindrade. Allt för att man "måste spara pengar". Och då har Fridolin mage att klucka ur sig att han är förbannad.

Hans känslor är ingenting jämfört med vilka känslor som nu sprider sig som ljungeldar genom vårt land. Det handlar inte om att folk hatar! Det handlar om att de känner sig lurade, förrådda och så fruktansvärt trötta på lögner. Av dina lögner Fridolin, Löfvens lögner och nu senast av Annies lögner. Allt under den förljugna och fega manteln ni kallar humanism.

Svenska väljare vill inte längre att deras hårt förvärvade skattepengar ska stjälas från dom och att ni som tappat förståndet totalt, ska bjuda 9000 vuxna, arbetsföra och friska afghaner på mat, boenden, utbildning och bidrag! Till en miljardkostnad. Folk har fått nog. De är så bottenlöst besvikna. Människor hatar inte Annie! Visst kan det vara några enstaka få som hatar. Och det är fel!

Men 99,9 % har bara fått nog av ert svek och er inkompetens. Så ljug inte om deras känslor. Anklaga dom inte för att hata. Lek inte förbannad. Sluta försöka spänna dina fjädrar. Ty fjädrarna är borta Fridolin. Du är avslöjad. Och kvar är bara en tragisk ungtupp, plockad på alla sina fjädrar och som inte ens är kapabel att gala som en riktig tupp. Bara ett pinsamt kluckande hörs numera. Som inte ens dina taffliga försök att i media brösta upp dig kan ändra på.

Åk hem och skaffa dig ett jobb!

69

Om allt går åt helvete, så följ inte efter

DET SKAMLIGA KOLLEKTIVA SVEKET

kallestrokirk.se

Det är våra pensionärer som har byggt upp Sverige, jobbat hårt och lagt grunden för vår välfärd. I varje val de senaste åren har maktgiriga politiker på såväl höger- som vänsterkanten gett tomma löften för att sen svika våra äldre när det väl har kommit till kritan.

En av de saker jag fick lära mig när jag växte upp var betydelsen av att vara tacksam och att respektera människor som var äldre. Våra pensionärer har gått före oss och byggt det samhälle vi yngre i dag njuter fördelarna utav. Dessa som på ålderns höst med den största självklarhet borde uppskattas och belönas för vad de skapat. Men icke!

Dagens politiker och beslutsfattare behandlar våra gamla som mjölkkossor. De ska mjölkas till sista droppen och under tiden ska de matas med minsta möjliga föda och ha sämsta tänkbara förutsättningar att leva drägliga liv. De ska ju ändå snart dö! Detta kommer du givetvis aldrig att höra någon politiker säga! Men det är precis den synen de exponerar och avslöjar genom de beslut man fattar.

För en tid sedan blev jag tillfrågad av en förtjusande dam i en livsmedelsbutik på Hornsgatan här i Stockholm om jag kunde hjälpa att plocka ner några förpackningar med kattmat i hennes vagn. Självklart stannade jag upp och hjälpte till under tiden jag nyfiket frågade vad hon hade för katt. Var det en norsk skogskatt månne? Svaret kom med en lågmäld röst och i en skamsen ton som fick kalla kårar att rusa genom hela kroppen på mig: "Jag har tyvärr ingen katt, det är till mig själv. Det är ju billigt och jag måste få pensionen att räcka till."

Det knöt sig i magen på mig. Jag kunde knappt tro mina öron! Det sägs ibland att ett kvalitén på ett samhälle mäts utifrån hur man behandlar sina gamla, sjuka och svaga. Med den måttstocken är det svenska samhället i fritt fall. Värdigheten är skrotad.

I hyckleriets högkvarter, riksdagen, föreslog regeringen nyligen att man skulle ta bort assistenthjälpen för de äldre. Det är ett monumentalt haveri av värderingar och moral bland våra beslutsfattare, och ett obeskrivligt hån mot våra äldre som pågår för fullt. Hela tiden.

Med sina verbala utsmyckningar beskriver de hur viktigt det är att tillgodose våra pensionärer och bemöta dessa med respekt, för att sen i nästa stund trycka på sina röstknappar i plenisalen och dra åt den ekonomiska snaran runt pensionärernas halsar.

Man mår så fruktansvärt illa över denna fars som utspelar sig mitt framför våra ögon! Alla dessa lögner. Alla brutna löften. Allt detta förakt mot våra gamla hjältinnor och hjältar. Alla dessa kvinnor som lever på svältgränsen med sin låga pension på grund av att de varit hemmafruar och tagit hand om barnen i alla år.

I det mansdominerade samhället de levde i, fick många inte möjligheten att tjäna ihop några egna pensionspoäng då det var deras män som oftast stod för löneinkomsterna. Idag finns inte empatin och den politiska viljan att ställa till rätta gamla strukturer, misstag och orättvisor.

Vad hände med alla de självutnämnda feministerna i denna frågan? Vart tog de anspråksfulla humanisterna vägen? Och vad hände med jämlikhet och solidaritet?

Löfvens regering består numera av egoistiska yrkespolitiker som blivit maktfullkomliga och som har skrotat de flesta av våra gamla ideal. Och de som får betala notan för detta är våra pensionärer!

Det finns exempel på pensionärer i dagens Sverige som i vinter fått sin el avstängd för att de inte haft råd att betala elräkningen. När man sen vänt sig till Socialen, så har man fått avslag. Om det inte vore för medmänniskors hjälp hade man frusit ihjäl! På riktigt. Det finns otaliga fler skräckexempel.

Kan någon förklara för mig hur länge denna inhumana människosyn och detta skamliga sveket från politiker och tjänstemän mot våra pensionärer ska få fortgå och eskalera utan att vi, folket, börjar hålla dessa ansvariga? Hur länge ska de få fortsätta ljuga och vilseleda oss? Ska vi tillåta dessa att sitta kvar vid makten och få fortsätta behandla våra gamla på detta viset?

Samma politiker som utan förbehåll och ifrågasättande, avsätter mångmiljardbelopp år efter år till asylboendeboenden, ger bort lägenheter, skapar massa bidrag, ger "bonusar" till körkort och alla möjliga förmåner till fan och hans moster som söker sig till Sverige. För är man invandrare så ska dessa givetvis prioriteras före våra gamla pensionärer.

Självklart ska vi hjälpa invandrare i verklig nöd och med verkliga behov! Men någon sorts balans måste skapas. Det har helt gått åt fanders med fördelningspolitiken.

Albert Einstein definierade dårskap på följande sätt: "Att fortsätta göra det man alltid har gjort och sen förvänta sig nya resultat". Sveriges senaste regeringar har skapat Dårskapens Demokrati. Den politiska eliten har lyckats normalisera brutna löften och inför varje val så fortsätter man ljuga till våra pensionärer med målande beskrivningar om förändringar. Men dessa förändringar infinner sig aldrig. De dribblas bort med svamlande formuleringar om att "alla måste dra sitt strå till stacken".

Visst, men våra pensionärer har redan dragit sina strån till stacken! I hela sina liv har de bidragit. De har gjort sitt för oss redan. Nu är det vi som måste göra något för dom. Det ända förändring är att vi får fler och fler pensionärer med mindre och mindre pengar i sina plånböcker.

Sämre mat på sina äldreboenden och mindre kaffe till fikat. Ja just det, "jakten på den försvunna kakan" ska tydligen inledas. För fikabröd har vi "inte råd med längre". Och grädden till kaffet har redan försvunnit. Den försvann på många äldreboenden redan förra året!

Som jag skäms!

Jag kastas mellan djup förtvivlan och en pumpande upprördhet. Vill inte längre tyst titta på hur Sverige förvandlas till ett land som förnedrar sina gamla, lägger bördor på sina svaga och berövar all heder och stolthet från sina pensionärer. Dessa som har byggt vårt land ska hedras och belönas på livets höst! De ska inte behöva fylla sina vagnar med kattmat till sina små lägenheter och rum utan katter. De ska kunna äta god och näringsrik mat!

Minimera deras skatter och optimera deras förutsättningar för ett drägligt liv så de kan leva med stolthet och glädje den tid de har kvar.

Vi har tyvärr inte deras generationen hos oss så länge till. Så låt oss därför ta hand om dessa så gott vi bara kan. På alla de sätt vi kan. Så länge vi kan.

75

ATT FÖRSTÅ
DONALD TRUMP

En dag i Oslo
  Stön! Låt inte Trump
  förena Nord- och Sydkorea!

kallestrokirk.se

Den 8 november 2016 hade Hillary Clinton bokat Jacob Javits Convention Center på Manhattan i glasutförande med sitt spektakulära glastak. Som en symbol för att glastaket för kvinnor skulle sprängas av Hillary då hon nu skulle bli den första kvinnliga president i USA.

Alla opinionsmätningar visade på en solklar vinst och politiska experter, stjärnreportrar, celebriteter och alla möjliga prominenta personer hade poserat på röda mattan för vad som skulle bli en historisk kväll i amerikansk politik. Allt var förberett för en fullständigt magisk natt.

I takt med att rapporterna från olika valdistrikt ramlade in började paniken sprida sig hela vägen från Manhattan till Washington D.C. Klockan 02.39 ET den 9 november var bomben ett faktum. Trump hade vunnit 30 delstater mot Hillarys 20 och var nu USA:s nya president. Folket hade talat. De ville ha förändring. Man hade fått nog av brutna löften och politiska spel. Folket ville inte ha den genomkorrupta Clinton.

Trump hade slagit ut 16 republikanska motståndare och nu var Hillary knockad och slagen för 2:a gången (Obama slog henne 2008). Game over! Han hade besegrat media och deras hat och förtal.

Trots medias utmålning av Trump som en sexist, rasist, judehatande homofob, invandringsfientlig och mentalt ostabil person, hade han övervunnit alla sina motståndare. Mot alla odds och stick i stäv mot alla opinionsundersökningar. Ingen politiker hade någonsin stått pall alla dessa hysteriska mediala drev. De hade hoppat av sina kampanjer 100 gånger om under motsvarande period.

Men Trump var ingen politiker. Han var en orädd och oortodox affärsman från Queens NY som enligt Forbes redan blivit den 201 rikaste person i USA, och blivit NBC:s kassako nummer ett med sin TV-show "The Apprentice". Hans popularitet hade givit honom roller i filmer som Ensam hemma 2, The Nanny, Sex and the City, Zoolander, m.fl, och han hade även fått en stjärna på Hollywoods "Walk of Fame".

Han var oerhört populär fram tills dess att han bestämde sig för att gå in i politiken och förändra på vad han ansåg vara en "katastrofal väg och inriktning i amerikansk politik".

Nu hade USA:s invånare sagt sitt. Donald J. Trump var numera den 45:e amerikanska presidenten. Media gick om möjligt ännu mer amok! Nyhetsuppläsare i TV-kanaler grät och deklarerade att domedagen hade kommit. Mainstream media hamnade i något som inte kan beskrivas bättre än en frenetisk kollektiv masspsykos.

Politiska motståndare, kommentatorer och politiska experter började omedelbart diskutera hur man kunde ogiltigförklara valet och ställa Trump inför Krigsrätt. CNN började förklara hur man skulle trösta sina barn och hur sannolikheten för 3:e världskriget var överhängande och även troligt inom kort.

MSNBC och CNN började plocka in en rad okända psykologer (som aldrig träffat honom) som ställde olika diagnoser på Trump. Man bokstavligen bombade ut budskapet att han var mentalt störd och därför inte var lämpad att vara President.

Och New York Times, The Washington Post, Huffington Post med flera hängde på och förstärkte drevet. Han skulle även inom kort orsaka en global ekonomisk kollaps.

Ett dussintal demokrater på Capitol Hill gick ut och deklarerade att de skulle bojkotta installationsceremonin, vänsterkrafterna med Soros i spetsen blixtinkallade folk till demonstrationer med budskapet "Not my President". Mainstream media, demokraterna, de liberala och vänstern deklarerade öppet fullskaligt krig mot den nya Presidenten bara timmar senare.

Lägg därtill det politiska etablissemanget, hela "anti-Trump rörelsen, den samlade "Deep State" i Washington och de republikanska "Never Trumpers". Madonna ställde sig mitt i allt detta upp på Pennsylvania Ave och ropade ut i högtalare att hon hade tänkt mycket på sistone om att "spränga Vita Huset i luften".

I denna atmosfär av hat och polarisering skulle President Trump nu börja styra. Omgående utsattes han för minst sagt suspekta händelser. Demokraterna och olika media gick ut och påstod att Trump och hans kampanj varit i maskopi med Putin och Ryssland. De krävde omedelbart en så kallad särskild åklagare med obegränsade resurser att utreda. Och fick detta igenom efter att den korrupta och sparkade FBI-chefen James Comey, olagligt läckt dokument till en vän. Nu var cirkusen i full gång! Comeys vän Mueller fick uppdraget och samlade ihop ett dussin advokater (alla dessa var demokrater och de flesta var dokumenterade bidragsgivare till Hillary och Obama).

Donald Trump har för alltid ändrat spelreglerna i amerikansk politik. Hans enda möjlighet att få ut sitt budskap och sina åstadkommanden utan vinklingar och förvrängande, har varit att twittra och använda sociala medier. Vilket även har resulterat i en hel del onödiga twittrande och ibland inkorrekta sådana. Detta har såklart orsakat förståelig irritation.

Men faktum kvarstår: aldrig tidigare har någon President uppfyllt så många av sina vallöften. Och detta på endast 15 månader. Hans handlingskraft har avslöjat vilken skillnad det är på politikers inkompetens och politisk korrekthet och en person med uppriktiga och äkta övertygelser, stark passion och verkliga ledaregenskaper.

Ett litet axplock av de resultat hans beslut och handlingar orsakat är bl.a.:

- Den största skattereformen sen 80-talet.
- 3 miljoner nya jobb på hans första 14 månader som president.
- Den lägsta arbetslösheten någonsin i 14 stater.
- Lägsta arbetslösheten bland kvinnor på 59 år.
- Över 110 rekord på New York-börsen.
- Utnämning av utlovade val av Supreme Court domare.
- Lägsta arbetslösheten bland svarta i USA någonsin.
- Lägsta arbetslösheten bland latinamerikaner någonsin.
- Omförhandling av NAFTA.
- Största militära uppgradering på decennier.
- Omfattande ökad gränssäkerhet.
- 100-tals miles med nya murar mot Mexico.
- ”Fred genom styrka” policys.
- Ett historiskt enande av islamska länder mot extremism på stormötet i Riyad.
- Ett markant ökande av Natos inkomster.

Och sist men inte minst, ett näst intill utplånande av alla fästen och landområden av ISIS (vilket Obama sade "en kamp vi måste förberedda oss på att, det kommer ta årtionden att vinna").

Trump är ingen slipad politiker. Han talar oftast rakt ur hjärtat utan att tänka på vilka ömma tår han trampar på. Han har en osannolik instinkt för politiska idéer och utspel. Är kemisk fri från politisk korrekthet vilket är vad många uppskattar. Och han är även den mest transparenta president någonsin, som gång efter gång bevisat att han inte spelar med i det politiska spelet eller följer de mediala reglerna.

Detta har givetvis orsakat laviner av mediala påhopp och politiskt ursinne. Bland globalister och elitister är han numera fiende nummer ett. Vänsterradikala och socialister fullkomligt hatar honom. Besinningslöst. Men själv verkar han inte bry sig ett skvatt! Han har själv förklarat varför:

1. Han vill att amerikaner ska känna sig trygga och omhändertagna.
2. Ambitionen är att ALLA amerikaner ska ha ett jobb och lyckas.

I skrivande stund är det uppenbart hur hans retorik och förhandlingsförmåga har fått Nordkoreas diktator till förhandlingsbordet om nedrustning och dialog om försoning för första gången sen 1953. Plötsligt börjar det nu snackas om Nobels Fredspris.

Hans politiska motståndare i USA är i färd med at falla på eget grepp i vad som rullas upp som den största och mest korrupta politiska skandalen i USA:s historia. F.d. CIA-chefen, FBI-chefen och NSA-chefen har alla ertappats ha ljugit till Kongressen om saker som rör Trump, ett dussin av de högsta FBI-cheferna och en mängd chefer på justitiedepartementet har fått sparken eller omplacerats.

Hillay Clinton och höga personer från Obamaadministrationens korruption och lagbrott rullas nu upp och avslöjas nästan dagligen i mejl, sms och hemliga möten. Kommissioner, speciella utredare och kommittéer har kommit fram till att det inte finns några som helst belägg eller bevis på någon rysk maskopi.

Men allt detta tystas än så länge ner i media. I såväl USA som Europa. Jag har själv följt Trump noggrant i över 16 år. Läst hans böcker och varit på hans föreläsningar. Han har gjort många plumpa uttalanden och ibland rent förkastliga sådana (som t.ex. "grabbsnacket" i bussen). Han har ibland varit onödigt arrogant och även inkorrekt i många av sina påståenden. Men han är ingen invandringsfientlig sexist och rasist. Hans barnbarn är ortodoxa judar och Israels premiärminister kallar honom den mest Israelvänliga president någonsin.

Donald J. Trump är bara en extremt framgångsrik och passionerad amerikansk patriot som lämnade och offrade sitt liv i lyx och medial popularitet för att ta sig an de enorma problem som USA hade hamnat i, och försöker åtgärda dessa. På sitt sätt.

Och han är mycket smartare och mer humoristisk än vad hans motståndare har förstått. Han vill att makten och den politiska agendan ska tillbaka till folket.

Oavsett vad du tycker om Trump och andra politiker, ta reda på vad som är sant. Svälj inte medias bilder och beskrivningar. Lyssna själv på vad politiker säger. Inte vad som sägs om dom.

83

DEN FÖRLORADE INGREDIENSEN

POOOFF!!!!
kallestrokirk.se

Senaste veckan med 1 maj-firande bland pensionärer, samt gårdagens 14-punktslista, är det ultimata beviset på hur Stefan Löfven och Socialdemokraterna på allvar nu tror att svenska folket lider av Alzheimers. Han avslöjade vilken monumental avsaknad av politisk ärlighet han själv och hans parti numera besitter.

Med en Pastor Jansson-liknande stil satt han åter igen och drack kaffe med pensionärer. Och åter igen satt han med stor entusiasm och ljög om nya stora satsningar till dessa. Med en entusiasm som om det vore första gången han upptäckt kraften och uppmärksamheten i detta nya löfte. Problemet är bara det att dessa tomma löften har upprepats varje valår de sista 25 åren av samtliga regeringar.

För att sen utan skrupler, brytas utan några som helst moraliska betänkligheter när man i skarpt läge behövt rösta igenom dessa i riksdagen. Om och om igen har löftena till pensionärerna utbasunerats. För att sedan om och om igen brytas.

2015 påstod Löfven i Agendas partiledardebatt att Sverige "tjänar på invandringen". I samma veva stod sossarnas minister för nordiskt samarbete, Kristina Persson, i dansk TV och skröt om att "Sverige klarar av den nivån av invandring vi har i dag". Fullständigt hårresande och uppenbara lögner. De visste detta båda två redan då.

Det alla vi andra tillsammans med övriga partier kunnat konstatera i eftertid: Ett komplett migrationshaveri till astronomiska kostnader.

Har någon hört orden: "Svenska folket, vi hade fel, vi har hamnat i djupa problem. Förlåt oss, men vi ska göra vårt yttersta för att reparera skadan". Icke! Och någon ursäkt eller eloge till Jimmy Åkesson som förutspådde detta haveri har man givetvis inte haft heder nog att ge.

När man är vuxen, förälder eller partner i en relation, finns det en fundamental sak man måste lära sig förstå och hantera: Det personliga ansvaret. Om man inte lär sig ta eget ansvar, kommer ens egna relationer krascha och barnens personlighet och framtid för alltid skadas. Lika säkert som ett "Amen" i kyrkan.

Som förälder är det självklart att lära våra barn grunderna och betydelsen av det egna ansvaret. Att inte ljuga, stjäla, vara dum och elak mot andra, samt att hålla det man lovar sina vänner och sin familj. Vi försöker lära barnen att om och när man misslyckas med detta, så får det alltid konsekvenser! För andra, men framför allt för egen del. Och konsekvenserna är inte alls roliga att konfronteras med. Tvärt om!

Tidvis kan det vara väldigt smärtsamt och rent utav vara ett helvete. Men lärdomen är ett måste. Eftersmaken, tillfredsställelsen och stoltheten man känner efter att man tagit sitt ansvar och sen kunna titta sig i spegeln, är alldeles fantastisk.

För de flesta av oss är detta personliga upplevelser och erfarenheter. Det anses generellt vara självklarheter. För oss alla! Såväl barn som vuxna försöker på olika sätt och i olika mån leva med denna ingrediens i sin vardag. Att inte ljuga, ta sitt ansvar och hantera konsekvenserna.

Men merparten av våra politiker verkar anse att detta inte gäller förtroendevalda. Och framför allt inte de som sitter vid regeringsmakten. Löfvens 14-punktslista visar på just detta. Hans obeskrivliga hyckleri är grotesk. I åratal har han demoniserat, hånat, mobbat och förtalat SD för deras policys och insikter i migrationsfrågorna.

Den 4 maj 2018 plankade han delar av deras åtgärdsförslag sedan flera år tillbaka. Utan några erkännanden. Utan någon självinsikt. Utan något förlåt.

I mina föreläsningar nämner jag ibland studier som är gjorda på ledare. Dessa är om möjligt än mera relevanta för politiker. Ledare som hänsynslöst utnyttjar andra människor, utan att känna skuld eller ånger, antas ha antisociala och psykopatiska drag. Några av kännetecknen på en psykopat är:

- Känslor som empati är komplexa och kräver stor inlevelseförmåga. Psykopaten saknar denna förmåga.
- Psykopati sägs bero på ett svagt utvecklat överjag, den del som sätter gränser för vårt agerande, samvete, normer och ideal.
- Psykopaten är en expert på hur det sociala spelet mellan människor fungerar och är en mästare på att spela detta spel.

- Personen styr genom att sprida oförenliga budskap, skapa hållhakar och sprida lögner om sina motståndare.
- Personen har en oförmåga att reflektera över egna och andras känslor.
- Personen saknar emotionell intelligens och kännetecknas av en brist på skuldkänslor, inlevelseförmåga och samvete.
- Personen har ett sjukligt behov av att hävda sig, är överdrivet känslig för kritik, känner förakt och visar hänsynslöshet mot andra.
- Personen kännetecknas av ytlighet både känslomässigt och kunskapsmässigt.

Nej, Stefan Löfven, svenska folket lider inte av Alzheimers. De har sina minnen intakta och de minns alla dina brutna löften. Och de har synat bluffen!

När du med stolthet i rösten deklarerade att ni skulle skjuta till 4 miljarder för de fattigaste pensionärerna, så måhända fick du några halvdementa leenden från några svårt behövande tanter. Men merparten av oss vet t.ex. att dina 9000 afghanska män hittills har kostat oss ungefär 5 miljarder. Och i veckan beslutades det att skjuta till ytterligare 5 miljarder. Fullständigt vansinne!

Beslut fattade av människor med psykopatiska drag i en politisk korrekt socialistisk värld. Resultatet? Löfvens arbetsföra 9000 afghanska män: 10 000 000 000. Sveriges fattigpensionärer: 4 000 000 000. Jag ställer inte nödvändigtvis dessa grupper mot varann. Inte alls.

Utan jag konstaterar bara det hyckleriet, de prioriteringarna och satsningarna som regeringen med Löfven, Fridolin och numera Annie Lööf i spetsen är ansvariga för. Tar ni fullt ansvar för ert beslut? Står ni för konsekvenserna och alla de problem detta kommer resultera i? Är ni införstådda med ansvarigheten det innebär? Alla beslut har konsekvenser och efter alla beslut kommer en nota som ska betalas. Av svenska folket.

Är det flera än jag som efterlyser den förlorade ingrediensen? Det personliga ansvaret.

89

ÅKESSONS HISTORISKA KNOCKOUT

En dag blir vi kanske i majoritet
och då kan vi införa sharialagar
men innan dess kan vi kanske få
bli en "nationell minoritet" och
införa sharialagar för oss i allafall!

www.kallestrokirk.se

Vi har haft en vecka av osannolikt valfläsk, återkommande tomma löften och utfästelser, upprepade lögner, förtal och vilseledande information från olika partiledare i Almedalen.

Det är därför väldigt befriande att höra en partiledare som inte utlovar guld och gröna skogar. Som resolut förkastar rasismens och nazismens fula ansikte. Som markerar mot våld och odemokratiska krafters existensberättigande. Som med folkligt vett pekar på Sveriges problem med brottslighet, barns utsatthet, integration, sjukvård, blödande välfärd och kollapsande pensions-system. Som vågar adressera utmaningarna utan att gömma sig bakom komplexiteter.

I Sveriges Radio igår visade Lars Adaktusson oss exempel på den politiska ohederlighet som dominerar svensk politik i dag. Med återkommande lögnaktiga påståenden och oärliga attacker på SD.

Vad Jimmie Åkesson i dagens tal i Almedalen gjorde, var att fullständigt döda alla politiska motståndares argument och påståenden om vilka SD är och vad de står för. Han efterfrågade inte sina politiska motståndares kärlek, utan sträckte istället ut en försonande hand och en vädjan om politisk ärlighet och respekt för svenska folkets val och röster.

Det blir nu ytterst problematiskt att förminska, anklaga och förtala Åkesson för rasism efter dagens tal. En politisk knockout som med stor sannolikhet gör SD till Sveriges näst största parti den 9 september.

Om jag vore Stefan Löfven skulle jag sova riktigt dåligt i natt. Positionen som partiledare för Sveriges största parti är för första gång i historien allvarligt hotad.

Om Jimmie Åkesson får medialt utrymme för sitt budskap, kan Inte ens Stefan Löfven svetsa ihop spillrorna efter den rödgröna röran ...

Då är inte Socialdemokraterna Sveriges största parti längre.

93

Om allt går åt helvete, så följ inte efter

TIDEN BÖRJAR
EBBA UT
FÖR EBBA

När vi ropar Alahu Akbar
över en stad betyder det
att vi intagit den!

Det är svårt att inte tycka om Ebba Busch Thor. Hon är karismatisk, kunnig, kompetent och kvinna. Att hon är kristen också stör inte så många, förutom Socialdemokrater och kommunister i allmänhet, och justitieminister och inrikesminister Morgan Johansson i synnerhet.

Han har vid flera tillfällen i sina tal berättat om hur han vill "utplåna" kristendomen i Sverige. Men minareter och moskéer har inte Morgan några som helst problem med.

"En stark resa" med Morgan & Ola-Conny har numera fått en värdig utmanare genom "En katastrofal resa" med Morgan & Miljö-Fridolin. Morgan & Miljö-Fridolin är lika skickliga på att sköta sina uppdrag som Morgan & Ola-Conny är skickliga att tala engelska. Den ena är trädkramare och den andra är extremistisk islamist-kramare.

Men Ebba däremot är skicklig på det mesta! Jag har aldrig röstat på KD och det kommer jag inte heller göra förrän man kan åka skridskor i helvete. Ebbas problem är bara det att KD:s kärnväljare har påbörjat ett Exodus. En massvandring bort från partiet. Och det är vare sig Moses eller Ebba som går i spetsen. Men han har skägg och kommer från Blekinge.

Partiets grundare, Lewi Petrus, skulle ha vänt sig i sin grav om han vetat hur partiet spårat ur. Man kan inte som partiledare i KD skutta runt i Pridetåget, sekulariseras, ha en kluven tunga gentemot Israel och proklamera att man inte längre är ett kristet parti.

Problemet med svensk kristenhet och KD:s politik att de alla vill "passa in" och bli accepterade av allt och alla. Hela tiden! Livrädda för att stå för vissa sanningar och värderingar, och vettskrämda för att bli kallade moralister. Utan sina kärnväljare har inte KD något existensberättigande. Utan sina kristna väljare har de ingen bas. Och utan sina historiska värderingar har de ingen framtid.

Ebba har en stark och tydlig profilering i frågorna kring sjukvården. Det är bra. Men henne och partiets frenetiska försök att sudda ut sitt arv och partiets grundvärderingar riskerar nu att tvinga dom till sitt eget Exodus. Ut ur riksdagen och Rosenbad och in i Gudrun Schymans lekland. Förvisad till korv och bröd på den politiska läktaren. KD kan med några drastiska kovändningar få tillbaka delar av sin bas. Men då måste Ebba kliva fram och demonstrera ett ledarskap som KD inte har haft sen 70-talet. Inte 70-talets flummeri utan sjuttiotalets förankring i partiets ursprungliga värdegrund. Då kan 4% gränsen möjligen uppnås.

Men tiden ebbar sakta men säkert ut för Ebba …

EN MYTOMANS MAGSTARKA SVEK

Mordbränder och attentat
brukar ofta bortförklaras
som misslyckade svetsarbeten.

Jag gjorde ett misslyckat
 svetsjobb i Paris häromdagen!

kallestrokirk.se

Under valkampanjen 2014 stod Stefan Löfven och lovade tusentals svenska assyrier och syrianer att om han fick regeringsmakten och blev statsminister, så skulle han erkänna turkarnas folkmord Seyfo där 1,5 miljoner kristna slaktades av muslimerna.

Nu har vår statsminister sålt sin själ till den muslimska presidenten Tayyip Erdoğan, brutit sitt löfte till tusentals svenskar och spottat alla svenska assyrier och syrianer rakt i ansiktet. Turkiets ambassadör Zergon Korutork, sade till SVT, att det hade fått "stora konsekvenser" om Löfven och Sverige hade erkänt folkmordet. Tyskland och många andra länder har redan gjort det. Men den svenska regeringen lägger sig platt för muslimska påtryckningar. Igen!

Jag skäms över hans feghet, jag häpnar över hans svek och jag provoceras av hans politiska falskhet! Bakom hans väna och folkliga ton från arbetarklassen, döljer sig ett förkastligt förakt för allt vad heder och samvete heter.

Enligt koranen kan en muslim när som helst ljuga till en "icke-troende eller en oren människa" så länge det gynnar syftet och Allah. Enligt den kollapsade socialdemokratin kan vilken makthungrig socialdemokrat som helst ljuga till landets väljare. Så länge syftet är att konservera makten över folket. Att hålla sina löften är absolut inget man behöver bejaka eller uppfylla.

Kom ihåg detta alla ni behövande pensionärer där ute. Alla ni utarbetade hjältinnor och hjältar inom vården som går på knäna. Alla ni andra behövande som får socialdemokratiska köttben kastade åt er nu innan valet.

Det är inget valfläsk! Fläsk kan man äta och leva på. Det är endast tomma köttben. Återvunna från tidigare valkampanjer. Hårda och torra. Precis som de själva!

Löfven & Company ljuger, sviker och bedrar. Allt för att hänga kvar vid makten. Någon som vill bli blåsta igen? Någon?

DET
GÖR
ONT

När man vant sig vid
det onormala känns det
helt normalt!

kallestrokirk.se

EU:s politiska elit och makthungriga ledare vaknar nog upp i dag med sina livs värsta huvudvärk! Angela Merkel vill troligen helst bara dra täcket över huvudet, vända sig om, och försöka sova vidare. Natos Generalsekreterare, Jens Stoltenberg, som fortfarande inte lärt sig prata bättre engelska än en fjärdeklassare, hade nog helst av allt önskat att han inte ens förstod engelska heller.

När President Trump igår anlände till Natos och EU:s politiska maskerad, hade nog ingen kunnat ana vilken uppläxning som väntade. Enligt Natos stadgar ska varje medlemsland betala 2% av sina länders BNP till Nato för finansiering av sitt gemensamma försvar. 23 av medlemsländerna gör inte detta i dag. Med resultatet att USA:s skattebetalare får skjuta till en massa miljarder dollar som fattas varje år.

Senast Tyskland betalade sina 2% var 1951. De senaste 67 åren har de fullständigt struntat i detta. Ingen amerikansk president har på allvar vågat påtala detta. Men nu är det en ny sheriff i stan. Han är uppväxt på gatorna i Queens, NY, och där lär man sig att tala så folk förstår.

Trump struntar fullständigt i allt vad PK heter, och gör klart för Merkel och övriga politiska elitister, att nu är det dags att hålla sig till överenskommelsen. Han vill inte att hans eget folk ska lida för och betala Europas nota. De har mera än nog med att försöka betala sina egna räkningar.

En insikt som Sveriges politiker borde skaffa sig snarast, innan de blir tvungna att få sitt mest brutala uppvaknande någonsin. Samtidigt som USA får betala många extra miljarder för Tysklands ovilja att följa reglerna för amerikanskt skydd mot Ryssland, betalar Merkel miljarder av euro till Putin varje år för energi. Snacka om att sova med fienden!

Som om detta inte vore nog, gnäller och skäller EU:s ledare på Trump för att han vill ha rättvisa i handelsbalansen mellan Europa och USA. Förra året gick USA back med nästan 1200 miljarder dollar på sin handel med EU.

När han därför deklarerar att det nu får vara nog på orättvisan, ja då skriker hela EU:s maktelit och media att "Trump vill ha handelskrig och han är emot all fri handel"

Fredrik Reinfeldt satt även han i TV-soffan i Almedalen förra veckan och basunerade ut dessa horribla anklagelser och djupt oärliga påståenden. Snacka om politisk masspsykos! Fortsättning följer. Ska bli väldigt spännande och roande att se vilka politiska liktår som kommer trampas på. Och hur högt dessa vuxna bebisar i Bryssel kommer skrika.

President Trump är i stan. Och det gör ont för alla dessa korrupta EU-pampar. Väldigt ont gör det. Själv sätter jag mig i bilen till jobbet i dag och sätter på Lena PH på högsta volym och skrattar lite för mig själv.

Låten är given:

Det gör ont.

SVERIGE BRINNER

Lystring alla broschor! Vi har fått order från IS-Sveriges
överkommando att återvända till stan och bränna våra
grannars bilar
istället!
www.kallestrokirk.se

Nitton bränder pågår för fullt i skog och mark i Sverige i dag. Först och främst ska våra brandmän och alla andra hjälparbetare ha en stor eloge för sitt outtröttliga och enorma arbete som de lägger ner för att stävja och släcka alla bränder.

Det som däremot är det horribla i allt detta är hur politiker i åratal misskött underhållet av MSB, Myndigheten för Samhällsskydd och Beredskap, och vilka katastrofala beslut som ledningen i MSB har fattat.

De flesta vanliga människor försöker lära sig av katastrofer som drabbar dem. Och försäkrar sig om att misstag inte upprepar sig. Men av storbranden i Bergslagen 2014 har MSB och regeringen tydligen inte lärt sig mycket. Som om detta inte vore nog, så utnämnde Stefan Löfven Dan Eliasson till generaldirektör för MSB för en tid sedan. Dan Eliasson! Mannen som inte är kapabel att behålla ett jobb! Möjligen en av de mest inkompetenta cheferna inom offentliga myndigheter någonsin i Sverige.

Som efter katastrofala insatser på Migrationsverket och Försäkringskassan lyckades förstöra det mesta av vad som var bra inom polismyndigheten under sin tid som rikspolischef. Han gjorde sig ovän med de flesta kompetenta poliser i sin närhet.

Jag känner själv ett antal högt uppsatta polischefer som vittnat om ett regelrätt hat och förakt i stora delar av poliskåren mot Eliassons totala brist på kompetens. Att han har lyckats hoppa runt från chefsstol till chefsstol inom all offentlig förvaltning är i sig en bedrift.

Men man kan inte låta bli att undra vilken hållhake Eliasson har på Socialdemokraterna och regeringen, som inte sparkar honom så långt bort från alla ledande befattningar som finns inom det offentliga. Nu får vi veta att MSB har brist på resurser. Det tror jag det!

Hör och häpna kära läsare: MSB har under senare år satsat 26 miljoner av våra skattepengar på "forskning" med namn såsom "Den genuskodade räddningstjänsten", "Genus och räddnings-tjänst" samt "Kan maskulinitet i sig betraktas som en risk".

På sådant trams lägger man miljonerna istället för på utrustning för att släcka bränder! Vad i hela världen spelar det för roll om det är män eller kvinnor som arbetar som brandmän och släcker bränder? Det viktiga är väl ATT man kan släcka dessa?" Lägg därtill att det fattas över 2500 deltidstjänster runt om i landet för att kunna upprätthålla den lägstanivå av beredskap Sverige behöver. Regeringen har fullständigt struntat i alla varningar och all vädjan från räddningstjänsten i åratal. Och nu står vår statsminister och mässar i TV och tidningar om att "nu måste vi hålla ihop".

Nej, Statsminister Löfven, du och dina vapendragare har i åratal hållit ihop, och vi har sett vilka förödande konsekvenser detta fått för vårt land. Svenska folket vill såklart hålla ihop! Det har de alltid gjort när kriser inträffat.

Men inte hålla ihop med politiska ynkryggar som bara söker makten och att behålla sina politiska positioner till vilket pris som helst. Den kanske mest inkompetenta och fega ministern i modern tid, Morgan Johansson, vägrar ställa upp på debatter och diskutera kritik mot honom själv och regeringen förrän tills efter bränderna är släckta.

Enligt experter så kommer vissa av bränderna inte vara släckta innan årsskiftet, och då har vi redan hunnit med ett riksdagsval. Inte undra på att Johansson vill vänta med debatter och sanningsinformation som kommer avslöja grova brister, katastrofala felaktiga beslut och den djupa och horribla inkompetens som finns inom regeringen. Den karln är totalt inkapabel att svara ja eller nej på en fråga.

Maken till svammel och ordbajseri har väl ingen kunnat skåda från en inrikes- och justitieminister. Någonsin. Det finns inte så mycket som ett fiskben i den mannens ryggrad!

Som tur är finns det länder omkring oss i Europa som förbarmar sig över oss och kommer till undsättning. Och som tur är så kommer deras piloter när ledningen kallar. För i Sverige står helikoptrarna på marken p.g.a. att piloterna har semester eller att det fattas krokar på undersidan. Och för att akut kunna kalla in dessa piloter behövdes en lagändring och regeringsbeslut.

Välkommen till den socialistiska bananrepubliken Sverige. Landet där ingen får beordra någon statligt anställd, där allt måste kännas rätt och där ingen får riskera att få någon att känna sig kränkta.

Löfven borde skicka ut ett meddelande till Putin att "ett anfall mot Sverige får endast ske vardagar mellan 0800 och 1700. Alla försök på intrång under helger, röda dagar och semestertider kommer att bli föremål för utredningar och överläggningar mellan landets politiska partier." Förutom SD då givetvis.

Det enda positiva dessa fruktansvärda händelser möjligen kan resultera i, är att svenska folket vaknar upp och ser ännu ett exempel på regeringens inkompetens och ledande politikers totala avsaknad av respekt för svenska folkets hårt arbetande och ihoptjänade av sina skattepengar.

Nu är det dags att vi på allvar börjar ställa krav på att allt trams som bottnar i politisk korrekthet läggs åt sidan och att våra skattpengar faktiskt används till ändamålsenliga inköp och kostnader. Inte nå bisarra studier om "genus och maskulina faror". Vilken vettig människa bryr sig om det?

Vakna upp politiker och skaffa er lite civilkurage så ni kan ta sakliga och konstruktiva debatter för vad som behöver göras och våga stå upp för det sunda förnuftet! Och snälla Stefan Löfven, skicka Eliasson i pension så han inte längre kan ställa till med mera skada och kaos! Vi har fått nog av Cirkus Eliasson.

Sverige brinner och tiden rinner snart ut.

111

DEN OFÖRSTÅENDE STATSMINISTERN

Den grekiska regeringen säger att den våldsamma branden
var anlagd. I Sverige har det rapporterats in mängder av
anlagda bränder i sommar.

Vi har en statsminister som inte förstår vare sig sitt eget språk eller sitt eget folk. Men han påstår nu att han är förbannad. På riktigt.

80 bilar vandaliserade och satta i brand på 3 olika ställen i Göteborg. Stenkastning mot polis och brinnande bilar i Trollhättan. Och vår statsminister ställde igår frågan till gärningsmännen: "Vad fan håller ni på med?"

Ja, du, Stefan Löfven, den frågan har större delen av svenska folket ställt dig och dina naiva, blåögda och inkompetenta ministrar i fyra år nu! Men du har inte velat höra och du har uppenbarligen inte förstått. Vi lever i 2019 nu. Platsen är inte längre din gamla svetsverkstad, och din omgivning är inte längre din ursvenska arbetarrörelse och dina kompisar till fackpampar.

Du har öppnat portarna till en tsunami av krafter som du kapitalt misslyckats med att hantera och integrera! Och svenska folket har hela tiden försökt ropa, och pensionärerna har med sina allt svagare och darriga röster försökt säga: "Statsminister Stefan Löfven, vad fan håller DU på med …?"

Den stora skillnaden är bara den att gärningsmännen inte kommer svara dig. Men själv svarar du med betydelsen av LAS och nya tomma och ihåliga löften som du aldrig avser att hålla. Ty du vill enbart med alla medel försöka behålla makten!

115

RIKSDAGENS BFF-BEDRÄGERI, FALSKHET OCH FÖRAKT

Alla ska inte med!
kallestrokirk.se

Så har riksdagen öppnat igen, och förutom drygt 100 nya ansikten i plenisalen så är det inte mycket nytt under solen.

Annie Lööf och Jan Björklund fortsätter med sin nyliberala extremism genom att fortsätta mobba och håna representanter för 1,1 miljoner svenska väljare. Det är minst sagt obehagligt att beskåda deras arrogans och fascistoida människosyn mot riksdagsledamöter som inte delar deras åsikter i sakfrågor.

Vår före detta statsminister, Stefan Löven, var man nästan tvungen att släpa ur hans statsministerroll. Han har gett uttrycket att "febrilt försöka hålla sig kvar vid makten" ett helt nytt ansikte! Att heder och god gammal respekt är en saga blott, visade sig beklämmande tydligt när SD gav sina röster till Alliansens nominering till riksdagens nya talman.

Att sedan Moderaterna och merparten av den så kallade Alliansen svarade men att inte rösta på SD:s kandidat, Björn Söder, bevisar för alla oss vanliga medborgare att bedrägeri, falskhet och förakt är Alliansens mellannamn. Vi kunde alla se vad Åkessons BFF verkligen har för moral.

Ebba Busch Thor har faktiskt överraskat mig positivt på flera olika plan senaste tiden! Hon verkar vara den enda som i dagens läge förstår betydelsen av att lägga egen hybris, högmod, stolthet och egenrättfärdighet åt sidan för att försöka hitta en gemensam framkomlig väg. En väg utan maktfullkomliga socialister, extremistiska miljöpartister och sunkiga kommunister.

Klockan tickar, det liberala vettet har försvunnit och Kristersson & co tror på fullaste allvar att de som minsta blocket i riksdagen ska kunna styra Sverige de nästa fyra åren utan stöd från vare sig Socialdemokraterna eller Sverigedemokraterna.

I dag berättas historien om "Kejsarens nya kläder" till våra barn runt om i skolor för framtidens Sverige. Under tiden beskådar övriga världen denna pinsamma tragiska fars, där Alliansens nudister springer nakna runt i Rosenbads korridorer och ropar ut i hundratals intervjuer: "Vi vill inte leka med, prata med eller samverka vuxet och ansvarstagande med Sverigedemokrater.

För vi är så mycket bättre människor än dom, har så mycket finare lösningar på problemen än dom, och har så oerhört mycket ädlare motiv och värderingar än vad de har!"

I söndagsskolan fick jag lära mig att högmod går före fall! Frågan är inte OM några kommer falla, utan vilka som kommer falla, hur stort fallet blir och hur platta de kommer se ut när de landat.

RIKSDAGENS BONNIE OCH CLYDE

kallestrokirk.se

30-talets USA fanns det två mytomspunna personer som härjade på landsbygden genom att mestadels råna bensinmackar och småbutiker. Hela deras kriminella bana präglades av misstag och illa genomtänkta planer, och oftast gick de tomhänta från platsen och fick bryta upp tuggummiautomater för att kunna äta sig mätta. De opererade under en tid som i efterhand kom att kallas "public enemy-eran".

Sverige och svensk politik har nu fått sin egen Bonnie och Clyde. Annie Lööf och Jan Björklund. I en tid där många politiska ledare mer och mer framstår som "folkets fiender" med sina egna agendor och sin maktfullkomlighet, visar dessa två med en outtröttlig envishet att de min sann inte viker ner sig för miljontals väljare som har andra åsikter än de själva.

Deras åsiktsförakt, deras förminskande av ideologiskt oliktänkande, och ibland nästan fascistoida sätt att marginalisera sina politiska motståndare, är minst sagt skrämmande och skräckinjagande.

Precis som Bonnie Elisabeth Parker lider uppenbarligen Annie Lööf av grav hybris! Annie har på fullaste allvar börjat tro att hon ska kunna bli Sveriges första kvinnliga statsminister och agerar som om hennes 8,6% i väljarstöd nu ska få riksdagens talman att ge henne sonderingsuppdraget för en ny regering.

Med en illa dold agenda sitter hon i Skavlans fåtölj och proklamerar att Sverige behöver en kvinnlig statsminister. Det må så vara, men för att bli statsminister krävs såväl ett stort väljarstöd, som en hög kompetens. Annie har vare sig det ena eller det andra. Hon skulle i dagsläget bli en vandrande katastrof i den rollen då hon inte innehar förmågan att formulera ett vettigt svar på någon som helst konkret fråga.

Clyde Barrow byggde sin kriminella bana på oärlighet, mindre rån och ett förödande högmod. Med samma häpnadsväckande högmod samt föraktfulla uttalanden, basunerar Björklund ut sina mantran och oärliga påståenden om sina meningsmotståndare. Han har till och med lovat sina barn att inte prata med Sverigedemokraterna.

Under senaste året har han dessutom skrutit och påstått att det är liberalismen som orsakat hela världens välstånd och alla dess framgångar. Björklund förfasar sig och fräser i nästan varje intervju över Brexit, Trump och alla växande skaror av patriotiska väljare runt om i Norge, Danmark, Finland, Österrike, Polen, Italien och Ungern som inte ställer sig i givakt för globalisterna och deras bisarra ideologi.

Han vill ha mera EU. Han kräver mera makt till elitisterna i Bryssel. Han förespråkar större inflytande från EU:s potentater som inte bryr sig ett dugg om vare sig Sverige eller svenskarna. Han pushar på för är en otäck utveckling, där patriotism och en sund nationalism i Europas olika länder helt ska raderas ut till förmån för globalism. Till vilket pris som helst!

Globalismen är nämligen den nya världsreligionen. Bryssels maktfullkomliga och korrupta ledare utformar teologin, och vi, det enkla folket, förväntas vara bokstavstrogna följare och efterleva varje budord som utgår från EU-parlamentet.

Det är en skrämmande utveckling och ett djupt svek mot det svenska folkets intressen och Sveriges egna inhemska utveckling som äger rum inför våra ögon.

Björklund verkar helt ha tappat greppet om allt förnuft och känsla. Förblindad av sitt förakt mot oliktänkande, har han helt tappat det politiska förståndet och förmågan att se att hans parti nu riskerar att åka ur riksdagen om det blir nyval. Det har varit ett regelrätt exodus av väljare som röstar på partiet under senare år, och hans självkritik är obefintlig.

Annie och Jan drivs inte längre av ideologiska idéer. De drivs inte av förnuftiga och konstruktiva lösningar. De drivs inte av att genomföra sina partiprogram. De drivs inte heller av att kunna bidra till att bilda en alliansregering med moderaterna och kristdemokraterna där stora delar av deras politik kan genomföras.

Nej Lööf och Björklund drivs numera av gammaldags primitivt hat. Hat mot Jimmie Åkesson. Hat mot Sverigedemokraterna. Hat och förakt mot de 1 135 627 svenskar som vill ha förändring och därför lade sina röster på SD.

Senaste tidens uppror mot Björklund inom partiet kommer inte en dag för tidigt. Orsaken till att ingen utanför riksdagen kan namnet på någon i partitoppen hos Liberalerna, beror ganska enkelt på

Björklunds närmast diktatoriska sett att leda partiet på. (Någon som minns Birgitta Ohlsson? Vad hände egentligen med henne?)

Det blir därför smått skrattretande att han ständigt attackerar SD:s människosyn när han själv behandlar oliktänkande partikamrater som boskap. Tyst och diskret ska de eskorteras bort från politiska plattformar, medieljus och inflytande för att istället förses med munkavle så att endast Hans Höghet, Jan Björklund, själv får synas och exponeras.

Centerns partimedlemmar och väljare börjar så smått vakna upp och känner inte längre igen sig i den föraktfulla mobbningskulturen som Lööf har introducerat i partiet. Svenska bönder och den förnuftiga landsortsbefolkningen som utgör en stor del av Centerns historiska väljarbas är inga mobbare. De är rediga och resonabla individer. Hon visar dessutom i allt detta på en historielöshet som är skrämmande.

Precis som i historien om Bonnie och Clyde är det för vanliga svenskar så provocerande uppenbart hur illa genomtänkta Annie Lööf och Jan Björklunds planer är. Deras uppenbara misstag är att de inte längre lyssnar på hur förnuftiga folk tänker och resonerar.

Förblindade av sitt hat mot Sverigedemokraterna och sitt förakt mot allt och alla som inte anslutit sig till den liberala extremismen, stångar de sig blodiga mot den politiska verkligheten. De kanske lyckas bli mytomspunna inom sina egna partiers extrema falanger. Men bland svenska folket kommer de endast bli ihågkomna för sitt verklighetsfrånvända och nitiska sätt att agera mot sina borgerliga allianspartners och de svenska väljarna.

De blir radarparet som omöjliggjorde alliansens regeringsbildande och istället släpade tillbaka Stefan Löfven efter att de avsatte honom som statsminister redan veckan efter valet. "Public enemy-eran" är nu här.

Annie Lööf och Jan Björklund härjar vilt. Dock inte enbart på landsbygden, utan överallt. Och väcker bestörtning i hela landet. Precis som Bonnie och Clyde gjorde på sin tid. På sitt sätt.

125

HYBRISENS HÅRDA HÄMND

Det är orättvist att en gammal
get som jag inte har rösträtt
när folk som röstar på
vänsterpartiet, fi och miljö-
partiet har det!

kallestrokirk.se

Självinsikt ät inte direkt någon folksjukdom i vårt kära Sverige. Så när en ledare för ett riksdagsparti blottar sin totala avsaknad av dito, blir det bara pinsamt och skämmigt. Majoriteten av Sveriges väljare visste från dag ett att Annie Lööfs begäran om att få talmannens sonderingsuppdrag skulle sluta i en kraschlandning.

Att en i många avseenden så kunnig och intelligent kvinna faller för hybrisens lömska lockelser, är för mig en gåta. Vad som är än värre och djupt uppseendeväckande, är att Annie uppenbarligen är i total avsaknad av sunda, insiktsfulla och mogna rådgivare omkring sig.

Fanns det ingen i hennes närhet som kunde sätta sig ner med henne och vänligt säga: "Annie, om du vill ut på havsdjupt vatten är det en fördel att kunna simma." Jag älskar när unga och ambitiösa människor kaxar upp sig, tar för sig och tar plats. Så länge de har täckning för sin uppkäftighet.

Efter att hon i morse meddelade talmannen om sitt fumliga fiasko så var hennes kommentar till sitt misslyckandet att "det är sorgligt". Nej, Annie, det är inte sorgligt att din makthunger och ditt högmod orsakade ditt misslyckande.

Det som är sorgligt är att din fadäs inför hela Sveriges och våra grannländers ögon, bekräftade det alla förnuftiga och vanliga svenskar har sagt hela tiden: "Annie är fullständigt ute och cyklar. Vem tror hon att hon är?" När hennes misslyckande var ett faktum, så hade hon dessutom mage att lägga skulden för detta på M och S.

Kära Annie, man kan misslyckas 100 gånger, men misslyckad blir man bara om man lägger skulden på alla andra! Du misslyckades. Fine. Bryt ihop och gå vidare.

Men jag hoppas du nu lärt dig läxan och inte blir misslyckad. Du fattade ett uselt och bedrövligt beslut på grund av ditt övermod och din högfärd. Gör om och gör rätt även om det kommer ta hårt på din stolthet. Annars är hybrisens hämnd hård och väldigt brutal.

129

EN DÖD KONSERVATIV ÄR EN GOD KONSERVATIV

Nu påstås det att textilindustrin släpper ut mer koldioxid än flyget.

kallestrokirk.se

Det har varit en händelserik december så här långt. USA:s konservativa President George H.W. Bush har dött 94 år gammal. I Katowice pågår en klimatkonferens som i många avseenden är minst sagt häpnadsväckande. Fransmännen har fått nog och sätter bokstavligen Paris i brand på grund av sina ledande politikers elitistiska och globala prioriteringar på bekostnad av sin egen befolknings ekonomi och välmående. Theresa Mays katastrofhantering av Brexit har skapat en nästan outhärdlig situation i England.

Här hemma fortsätter Cirkus Lööf & Björklund med oförminskad dårskap. Och Stefan Löfvens övergångsregering är nu tvungna att tills vidare regera med en konservativ M och KD budget.

Som om detta inte vore nog, så skrev Sverige under FN:s migrationsavtal "Global Compact" och Sveriges regering och mainstream media har enda in i slutet lyckats undanhålla det faktum att Löfven & Co. har förrått svenska folket genom att öppna upp för en framtida migrationsinvadering från olika delar av världen.

Denna monumentalt inkompetenta regering har inte lärt sig någonting från invandringsvågen 2015 och 2016. Hur detta kommer sluta är det knappt att man vågar tänka på. Deras ursäkt var att "avtalet inte är bindande" med detta är i praktiken givetvis en ren lögn. Alla liknande "icke-bindande avtal" har smugits in sakta men säkert i Sveriges lagstiftning.

Många av våra ledande, ohederliga och sluga politiker ser till att vilseleda svenska folket genom "koka groda-taktiken". Vilket innebär att om man lägger en groda i kallt vatten för att sedan sätta på värmen så vänjer sig grodan vid temperaturförändringen. Och vips-så är grodan kokt! Mission accomplished!

I Katowice sitter de självutnämnda klimatexperterna och de politiska miljöaktivisterna och försöker vad de anser vara att rädda världen. Klimatet förändras och vi bör alla tänka på att göra vad vi kan för att ta vara på den jord vi har fått i uppgift att förvalta.

Vad vi däremot beskådar i Polen är åter igen en maktelit som skapar en ny världsreligion där alla som inte blir hängivna troende blir uthängda som idioter och verklighetsförnekare. Verkligheten är sällan svart eller vit.

När det gäller hur stor del av klimatförändringen som orsakas av oss människor, är det många som anser att ingen faktisk kan bevisa hur stor del av förändringen som kan tillskrivas människorna. Jordens klimat och temperaturer har historiskt alltid förändrats. Faunan i djurriket och floran i naturen har aldrig varit konstant.

De ekonomiska drivkrafterna bakom miljöextremisterna är astronomiska och det är endast globala företag och kapitalister som i slutändan gynnas ekonomiskt. Gemensamt för de flesta av miljörörelsens företrädare är att ingen lever som de lär. Och som alltid är det vanliga arbetare och vanligt folk som får betala notan.

Säga vad man vill om fransmännen, men de tar inte hur mycket skit som helst. Ingen tillfällighet att det var den franska revolutionen som blev startskottet för världens övriga revolutioner.

När deras globalistiska ledare låter sina egna agendor, globala företag och andra länders intressen gå före sina egna invånare blir det konsekvenser. När fransmän får nog så hörs och märks det. Vad hjälper ett påskrivet Parisavtal om folket inte har mat på bordet och bränsle att ta sig runt?

President Macron (med sitt förflutna inom finansvärlden) har länge njutit av rampljusets bedrägliga popularitet och har med sin höga svansföring försökt ta den ena politiska ledaren efter den andra i örat för att de ska rätta sig i EU:s politiskt korrekta led. Nu gömmer han sig bakom gardinerna i sitt presidentpalats och vågar inte ens bemöta sitt eget folks upprördhet och raseri.

Än mindre förstår han deras förtvivlan och desperation. EU:s maktkontrollerande välde kommer att falla. Det kommer ta några år, men kom ihåg mina ord! Ingen europeisk union har någonsin blivit bestående.

Historien upprepar sig alltid. Vissa vägrar att lära sig av den. Folket kommer i slutändan få nog av politikers maktfullkomlighet, verklighetsfrånvända agerande och politiska korrekthet.

Det står klart att den politiska cirkusen i riksdagen fortsätter. Löfven spyr galla över alliansens konservativa budget som blev röstad igenom igår, Lööfs hybris håller i sig och Björklunds förblindade hat mot Sverigedemokraterna jäser och växer dag för dag. Han har ju faktiskt lovat sina barn att inte prata med Jimmie.

En mogen man den där Björklund. I sandlådan på Helgeandsholmen fortsätter våra folkvalda blottlägga sitt förakt för oliktänkande i plenisalen.

Det nitiska hatet mot Jimmie Åkesson är bevisligen starkare än viljan att genomföra sin egen politik som de gått till val på. Lööf och Björklund tror på fullaste allvar att deras väljare har röstat på dom för att de ska kunna trakassera SD.

De verkar helt ha missat att väljarna faktiskt lagt sin röst på respektive parti för att deras politik ska vinna framgång. Inte för att partiledarna ska få ett mandat att mobba sina menings-motståndare.

George H.W. Bush förde det politiska arvet från Ronald Reagan vidare. Han var en nyckelperson bakom kommunismens kollaps och Berlinmurens fall, förespråkade individens frihet till egna val och att staten skulle ha minsta möjliga makt över sina invånare. Han var en högklassig konservativ politiker som slog vakt om traditioner, värderingar och moral.

Hyllningarna i media och från dagens olika politiska ledare i Europa har varit överväldigande. Det fascinerande i kråksången är bara det att han under sin tid som president ständigt förlöjligades i liberala media, anklagades för att vara rasist, homofob och nationalist.

Detta är plötsligt glömt nu och tystas ner i nyhetsrapporteringen. När en konservativ politiker har dött kan man hylla honom. Men när han/hon är politisk aktiv handlar det enbart om att demonisera och förlöjliga personen. Denna skandalösa falskhet från medier och politiker i senaste veckans kommentarer och artiklar avslöjar deras fullständigt skamlösa moral och avsaknad av intellektuell ärlighet. De hyllar nu unisont President H.W. Bush och lyfter honom till skyarna.

Detta för att därigenom kunna skapa mera utrymme för sitt Trump-hat genom att peka på hur Bush är den förlorade konservativa politikern, och därigenom kunna peka på hur vidrig President Donald J. Trump är som dagens ledare för USA:s republikaner och numera är den mäktigaste politiker i världen.

Vissa ledare i den amerikanska armén på 1800-talet hävdade att "en död indian är en bra indian". Dagens mainstream media och politiskt korrekta politiker verkar främja en lika horribel attityd: "En död konservativ är en god konservativ".

SER DU DÅREN
I DET BLÅ?

Vi står för alla människors
lika värde ... utom för SD:s
1, 1 miljoner väljare!

www.kallestrokirk.se

Det har nu gått 112 dagar sedan valet. Majoriteten av Sveriges partiledare fortsätter visa sin totala avsaknad av ledarskap och ansvarsförmåga. Tyvärr är vi få som är förvånade över den inskränkthet och inkompetens som avslöjas vecka efter vecka. Talmannen har bjudit in partiledarna till en orgie av kaffe och bullar medan en allt större del av svenska folket drabbats av politisk bulimi.

De enda partiledarna som på ett vuxet sätt försöker lösa landets avsaknad av en regeringsduglig regering är Ebba Busch Thor och Jimmie Åkesson. Cirkus Löfven, Björklund & Lööf verkar driva en inbördes tävling i vem som kan vara mest verklighetsfrånvänd och föraktfull. Finns det inga som kan tala lite förnuft in i denna tragiska treklöver?

Löfven framstår mer och mer som en omotiverad sorglig figur som gnäller över det mesta men i synnerhet över att Jimmie åkt på semester, och inte tar ansvar för landets situation. På riktigt?

Det är som när Emil åkte på marknad i Mariannelund och inte fick några pengar av sin pappa. Efter att ha lyckades tjäna ihop några slantar, ställde han sig och köpte flaska efter flaska av sin favoritlemonad: Sockerdricka. Men när pappa Anton såg detta, kom han springande och skällde ut Emil och skakade om honom ordentligt. Men då brann det för Lönnebergapojken som röt till och sade: "Nä nu blir jag arg! När jag inta har pengar, då kan jag inte dricka sockerdricka. Och när jag har pengar, då får jag inte dricka sockerdricka. När i hunden ska jag köpa sockerdricka?"[1]

När Jimmie är hemma i Riksdagshuset, då vill inte Löfven prata med honom. Och när han åker på julsemester till Asien så skäller och gnäller Löfven över att "Åkesson inte tar sitt ansvar? Är karln riktigt klok?

Hur har han mage att hoppa på Åkesson när inte en endaste partiledare vill tala med karln trots att han leder Sveriges 3:e största parti? Jag förstår fullt ut att Åkesson var trött på alla meningslösa bullar och tidsödande kaffekoppar.

Finns det fler där ute som inte fattar vad de håller på med? Någon? Och den rödhårige Lööf tror på fullaste ansvar att en röd regering ska hoppa jämfota i ren eufori över en borgerlig politik.

1https://www.youtube.com/watch?v=6NRofMFP_SY

Det är gulligt och härligt när oskuldsfulla barn tror på tomten. Man att en centerpartistisk partiledare verkar göra det också är inget mindre än pinsamt och skrattretande.

Jag skrev i ett tidigare inlägg här att Annie Lööf drabbats av hybris. Men det räcker inte till på långa längder för att försöka förklara hur hög på sig själv hon blivit.

Vad ska man så säga om Jan Björklund? Hans gamla uttjatade ramsor om det rasistiska partiet låter lika sympatiskt och trovärdigt som en bukett skumma Hare Krishna ramsor. Om inte Liberalerna gör en snabb 180 graders sväng åker de ur riksdagen vid nästa val.

Det ultimata ödets ironi, är att när Folkpartiet ändrade sitt namn till Liberalerna, och sin symbol från en blomma till ett blått manligt kön, så förlorade partiet en stor del av folket och deras partiledare förlorade sin stake. De kanske skulle fundera på att byta såväl namn, symbol och partiledare igen? Och när de ändå håller på, så skulle det inte skada att kalibrera politiken också så att relevansen och verklighetsförankringen kan göra comeback i liberalernas könlösa hagar.

Nu är det en dag kvar av 2018 och vi kan med ledsamhet och sorg konstatera att våra politiska ledare inte är kapabla att visa upp ett sant och ärligt ledarskap. Istället fortsätter de skandera sina förljugna och bittra mantran om hur vedervärdiga och rasistiska Sverigedemokraterna är. Om sin egen förträfflighet och om hur exemplariska deras egna ideologier och värderingar är.

Ingen av dessa ledare hade suttit länge kvar på en VD stol i det privata näringslivet. För i den verkliga världen räknas enbart resultat och leverans. Men i riksdagens korridorer är allt tillåtet. Där får man leka i sandlådan. Där får man mobba och ljuga. Där har man fryst ut oliktänkande och lekt "Tysta leken börjar nu" med Jimmie Åkesson nu i 3032 dagar. Och där finns obegränsad tillgång till bullar och kaffe.

Problemet är bara det att det nu har gått 112 dagar sedan valet och vi har ännu ingen ny regering.

Vilken chef som helst som inte löst företagets kris på 112 dagar hade åkt ut med huvudet före. En fotbollsanfallare som inte lyckats göra mål på 112 matcher hade fått packa ihop och dra.

Ingen elitidrottare med 112 missade tävlingar hade fått vara kvar i något landslag. Men i 112 dagar har nu våra politiska ledare får spelat i denna häpnadsväckande och genanta fars.

Ingen ödmjukhet.

Inget nytänkande.

Inga resultat.

På julafton satt jag traditionsenligt och njöt av att höra Benjamin Syrsa sjunga: "Ser du stjärnan i det blå? Allt du önskar kan du få". Men i år hade jag svårt att se någon stjärna i det blå. Ty vad jag kunde se, var inget annat än "dåren i det blå".

Och jag såg inte bara en dåre! Jag kunde tyvärr se flera.

141

PÅVEN, DET POLITISKA PATRIARKATET OCH PENNINGKÅTA GLOBALISTER

Fader, förlåt mig
ty jag vet inte vad
jag gör!

Vi lever i en generation av känslomässigt svaga människor som behöver få allt urvattnat för sig för att så mycket är stötande. Inklusive sanningen.

Vår tid präglas av snabba och lättillgängliga mediekanaler där innehållet i artiklar och reportage hellre riktas in mot känslostyrda och reaktionsskapande innehåll än faktabaserad information och neutral återgivning av faktiska händelser.

Historisk sett har journalisters uppgift varit att återge och rapportera. Idag handlar det mesta om att skapa politiskt riktade berättelser och misstänkliggöra meningsmotståndare genom vinklade återgivningar och att insinuera saker som är djupt oärliga och i många avseenden rent utav kränkande.

Det mest skrämmande i allt detta, är att beskåda hur en liten grupp människor med starka ekonomiska resurser och elitistiska intressen styr olika agendor. Dessa styr politiker och media på ett sätt som blir allt mera häpnadsväckande.

Granskande och grävande journalistik är numera så sällsynt att det endast återfinns i TV-tablån som ett enstaka veckoprogram på ett par kanaler. Vi föds alla in i denna världen som unika original. Men vår omvärld har tydligen bestämd sig för att vi alla ska dö som bleka kopior.

2010 lanserade Aftonbladet kampanjen "Vi gillar olika". Under 2018 kunde vi konstatera att ingen anses ha lov att gilla olika. De som mot förmodan skulle våga sig på att främja egna tankar, övertygelser och åsikter får acceptera att antingen vika ner sig för etablissemanget, eller också att få så mycket politiskt och massmedialt stryk att risken att bli demoniserad är överhängande.

På medeltiden fram tills början på 1700-talet, brann man personer med avvikande åsikter och egenskaper i Västvärlden på bål. I Västvärlden på 2000-talet dödas man inte fysiskt med man dödar oliktänkandes kraft, rykte och heder.

Ett av världens i dag hetaste politiska ämnen är folkvandringar och invandring mellan länder och kontinenter. Globalisterna vill ha fri invandring och undanröjande av länders gränser och suveränitet för att kunna öka sina ekonomiska vinster och minimera enskilda länders självbestämmande. Detta för att därigenom själva kunna kontrollera flest möjliga människor.

EU och FN är ett utmärkta exempel på detta. Där har det politiska patriarkatet beslutat hur de vill ha det, och hur vi vanliga människor ska adoptera deras regelverk och värderingar. Genom noggrann planerad manipulation och korruption söker man ständigt efter nya vägar och kreativa sätt att öka sin kontroll och sitt inflytande över individer och stater.

I länder som Italien, Frankrike, England, Polen, Österrike och Ungern håller folk och partier på att mobilisera sig och göra motstånd mot den partiskhet det politiska patriarkatet med Donald Tusk och Antonio Guterres i spetsen representerar.

Som Västvärldens enda politiska ledare, har President Trump vägrat vika ner sig för dessa krafter. Han gick till val på att bl.a. bygga en mur mot Mexiko och vann presidentskapet. Över 2000 människor tar sig illegalt in i landet varje dygn, och enligt DHS så fångas över 3200 terrorister varje månad när de försöker ta sig över gränsen illegalt.

Nu har han bestämt sig för att denna galenskap måste få ett slut. Presidenten vill fortsätta bygga på denna påbörjade mur som demokraterna (inklusive President Obama, nya talmannen i Representanthuset, Nancy Pelosi samt Chuck Schumer) och republikanerna röstade för att bygga och finansiera redan 2006 och 2013.

När nu Trump vill leverera även på detta löfte, så får globalisterna, media och demokraterna fullständig kollektivt psyk bryt. Deras avsikt är att till varje pris förhindra att presidenten kan uppfylla folkets vilja. Och även påve Franciskus har de lyckats få med sig i denna osannolika kör av hycklare.

Påven påstår att man inte är en kristen om man "bygger murar istället för broar" och "att detta inte är evangelium". Själv sitter denna påve bakom meterhöga murar runt hela Vatikanen som byggdes under påve Leo för att skydda sig mot muslimska marodörer. Och inte en endaste invandrare har Vatikanen tagit in i sitt eget land.

Vad hände med att leva som man lär?

Alla dessa ovan nämnda skriker nu att det är omoraliskt att bygga murar. Att murar inte fungerar. Att alla som vill måste få komma in i vilket land de än vill. Vad de verkar ha missat är att det inte är en mänsklig rättighet att ta sig in i vilket land man vill, hur man vill och när man vill.

Att resultatet av denna sinnessjuka ideologi kommer få samhällsstrukturer och länders välfärd att kollapsa är de givetvis införstådda med. Men detta bryr de sig inte om. De är aktivister som vill främja sin agenda till vilket pris som helst.

Israel har byggt murar sedan gamla testamentets dagar för att skydda sig mot fiender och förövare. Och det har fungerat. Nu senast en barriär på 72 mil varav drygt 7 mil är en mur på 8 meter som orsakat att självmordsbombare och våldsmän numera nästan aldrig kan orsaka död och förödelse i israeliska städer.

Kineserna byggde 2100 mil murar för att försvara sig mot omvärlden varav 600 mil kvarstår och numera kallas "kulturarv".

Vår värld är tyvärr full av ondska och synnerligen problematiska verkligheter. Detta kan vi inte blunda för och vi måste därför hitta alternativa lösningar för att hjälpa människor i nöd. Människor med uppenbar rätt till asyl måste givetvis tas emot och välkomnas! Men ekonomisk och religiös invandring kan inte få fortsätta på det ansvarslösa sätt som skett under senare år.

Sveriges regering har nu i tysthet skrivit på FN:s avtal som innebär att ett hundratusental invandrare ska kunna komma hit.

Varje år.

Utan en plan.

Utan ekonomisk förmåga.

Verkligheten måste hanteras. Inte förnekas eller förvrängas. Det politiska patriarkatet måste bekämpas. Globalisternas förförande lögner måste avslöjas.

Och påven borde sluta med sitt politiska hyckleri och heller ägna sig åt att rensa upp bland prästernas sexuella övergrepp och perversiteter i sin kyrka.

147

Om allt går åt helvete, så följ inte efter

NÄR FRUKOST-TV
BLIR
KALLE ANKA-TV

I fortsättningen ska vi köra
Kalle Anka-TV inte bara på
julafton!

kallestrokirk.se

Att TV4 med åren har blivit alltmera vänstervridet i sin politiska rapportering är väl ingen större hemlighet. Men det börjar bli problematisk när de i en allt större grad ikläder sig en roll där man blir en megafon för extrema amerikanska vänsterkrafter.

Den nya nyhetspanelen på TV4:s Nyhetsmorgon är följande:

- Björn Wiman, vänstervriden kulturchef på DN.
- Eva Hamilton, f.d. journalist och chef på SVT med uttalade vänstersympatier.
- Veronica Palm, socialdemokratisk ledare och nyckelperson i Omar Mustafa-affären. (Mustafa var extremist och ordföranden i Sveriges islamiska förbund och f.d. suppleant i den socialdemokratiska partistyrelsen och Palm var "övertygad om att Omar delade de socialdemokratiska värderingarna".)

När dessa tre skönheter ska förse tittarna med politisk expertis är det som bäddat för Kalle Anka-rapportering.

President Trump har nu satt ner foten och bestämt sig för att stoppa den massiva våg av olaglig invandring genom att fullfölja byggandet av den påbörjade mur som såväl Barack Obama som Hillary Clinton var med om att rösta för att finansiera och bygga redan 2006 och 2013. Men som på så många områden får politiska akrobater hicka när den kommer en folkvald som faktiskt GÖR det som beslutats och som man själv gått till val på.

I inslaget om amerikansk politik, börjar Trump-föraktande Steffo Törnquist med att lögnaktigt och oärligt påstå att inledande TV-klipp skulle redogöra för vad Trump en gång i tiden sa om hur man skulle hantera murar.

2004 mottog Donald Trump en utmärkelse från Wagner Collage och höll ett tacktal inför hela högskolan. Han uppmuntrade alla studenterna att kämpa för sina drömmar och att älska det man ville arbeta med.

Trump uppmanade eleverna att aldrig någonsin ge upp sina mål när de skulle ut i arbetslivet och skapa sig en karriär. Att aldrig vika ner sig för omständigheter och motstånd.

Han använde en betongvägg som en metafor för motstånd och hinder, och uppmuntrade studenterna att alltid finna en lösning genom att klättra över, gå igenom eller ta sig runt problem som i framtiden skulle komma att möte dom.[2]

Hela syftet med inslaget var åter igen att idiotförklara President Trump och framställa honom som ett skämt. Som en oberäknelig och lömsk galning. Steffo Törnquist ville få tittarna att tro att presidenten talade om muren mot Mexiko. Så otroligt ärligt och vilseledande.

Hela denna "expertpanel" går sedan loss i en orgie av kunskapsbrist, okunnighet och inkompetens och marginaliserar hela denna amerikanska krisen och försöker åter igen att förlöjliga och fördumma Trump.

Visst kan man tycka vad man vill om President Trump. Han har gjort en hel del misstag och har en ledarstil som inte bara fått politiska karriärister, elitister och aktivister att sätta kaffet i halsen.

Demokraterna och mainstream media å andra sidan fullkomligt hatar honom. Deras avgrundsdjupa hat har nu under de senaste 3 åren drivit dom längre och längre ut i ohämmade utspel av lögner, förtal och påhopp.

Nyhetsshower och programledare på CNN och MSNBC kallar honom regelbundet och öppet för "Asshole", nazist, rasist, mytoman, sexist, homofob, landsförrädare och att han vann valet med hjälp av Ryssland m.m. CNN:s nyhetsankare, som t.ex. Anderson Cooper, använder ord som "om Trump skulle bajsa på sitt eget skrivbord" och att hans ministrar är Trumps "rövpojkar" samt sprider utlåtanden som "Låt oss ställa den "Motherfuckern" inför riksrätt".

Detta ohämmade och frenetiska hat i mediala utspel, har i dag blivit normaliserat genom bristande källgranskning och en skrämmande okunskap bland journalister och så kallade experter utan kunskap om historiska beslut, policys och händelser.

Lata och kunskapslösa journalister här i Sverige har blivit megafoner och ekomaskiner för ovan nämnda nyhetskanaler och politiska aktivister.

2https://youtu.be/BxO9eizBLwg

Den av amerikanska DHS, inrikesdepartementet och justitiedepartementet väldokumenterade verklighet är följande (dessa siffror levereras av tjänstemän och inte av politiskt motiverade individer):

- Varje månad smyger sig i snitt 60 000 illegala invandrare över gränsen från Mexiko.
- Förra månaden smugglades över 20 000 minderåriga in i USA.
- 17 000 vuxna har arresterats p.g.a. befintligt kriminell belastning.
- Över 300 amerikanare dör varje vecka i överdos av heroin varav 90% smugglas över gränsen. (Det är flera än vad som varje vecka dog i den blodigaste perioden Vietnamkriget vilket var 1968)
- Senaste året har smuggling av Fentanol ökat med 122%.
- 800 grovt kriminella gängmedlemmar har arresterats vid gränsen det senaste året.
- Under 2017 och 2018 har ICE arresterat 100 000 illegala för överfall och över 30 000 illegala för sexbrott.
- Över 642 000 brott har begåtts av illegala invandrare enbart i Texas under en sjuårsperiod.
- 4000 illegala invandrare har arresterats för mord.
- 7 av 10 dessa invandrare har rapporterat att de utsatts för våld längs med sin resa till USA.
- 1 av 3 kvinnor blir sexuellt utnyttjade under resan till USA.
- Över 50 barn behöver akut läkarhjälp varje dag p.g.a. deras resa mot olagligt intrång av gränsen.

Och listan skulle kunna göras så mycket längre!

När nu Trump vill skydda sitt land och ta itu med denna oerhörda kris så demoniseras han och anklagas för rasism. TV4:s journalister anser att detta är ett "låtsasproblem". Trots dessa väldokumenterade fakta anklagas presidenten av media och politiska motståndare för att "fabricera en kris".

I sitt tal till nationen i tisdags angav han att anledningen till att man bygger en mur inte är att för att man hatar de på utsidan, utan att man älskar de på insidan.

En mur löser inte alla problem, men muren vid El Paso t.ex. har orsakat 95% minskning av illegala invandrare i det orådet. Så murar hjälper. Framförallt så underlättar det att skydda sina gränser mot olagligt intrång.

Samtliga av Trumps argument i tisdagens tal till nationen har sedan 2005 framförts av Barack Obama, Hillary Clinton samt demokraternas nuvarande ledare Nancy Pelosi och Chuck Schumer. Dessa har tidigare röstat för finansiering och byggande av muren. Men deras omotiverade kovändning har inte ifrågasatts av media. För nu handlar allt om én sak: Mainstream media och det allt mera socialistvridna demokratiska partiet hatar, motarbetar och vill avsätta Donald J. Trump. Till vilket pris som helst!

Presidenten begär endast 5,7 miljarder USD till muren nu (0,1% av BNP och 10% av det stöd USA ger i bidrag till andra länder) av totalt 25 miljarder.

Alla gränspoliser och andra polisiära myndigheter längs med gränsen har efterfrågat verkställandet av tidigare politiska beslut. Och Trump levererar. Igen.

Den årliga kostnaden för amerikanska skattebetalare enbart för illegala invandrare är över 200 miljarder USD. Per år.

Men alla dessa fakta och omständigheter i saken struntar TV4 och övriga svenska medier i. Istället fortsätter de dagligen med sina vänstervridna rapporteringar och har för avsikt att mata svenska folket med den agenda som de så framgångsrikt har lyckats sprida.

Att lyssna på TV4:s och SVT:s USA-korrespondenter är försiktigt uttryckt skrämmande. Deras onyanserade rapportering och vinklade reportage är ovärdigt en svensk demokrati där ärlig granskande journalistik borde vara ett krav.

OM TV4:s avsikt vore att ge sina tittare ett objektivt intryck, vore det på sin plats att ha en nyhetspanel bestående av representant från vänstersidan, högersidan och någon oberoende. Men det är inte vad TV4 vill. TV4 har valt politisk sida. De har valt en politisk agenda.

Och de har en plan för hur den ska främjas. Så 2018 års nya nyhetspanel är mörkröd. Den är beklämmande inkompetent och djupt okunnig. Sen toppas allt detta med föraktfulla och illa dolda subtila insinueranden av kanalens programledare.

Julaftons Kalle Anka med vänner önskade oss en god jul.

TV4s Kalle Anka panel med vänner kommer förleda oss och förvrida verkligheten för sina tittare under resten av 2019.

De har beslutat sig för att göra "faking news" till "breaking news!"

155

OM ALLT GÅR ÅT HELVETE, SÅ FÖLJ INTE EFTER

FRÅN LÖÖFS HEDERSMORD TILL SJÖSTEDTS HEDERSORD

Alliansens femtekolonnare Birgitta Olsson kan
tänka sig att sitta i en Löfvenstyrd regering.
Hur ställer sig Annie Lööf till detta som tidigare
sagt att hon hellre äter upp sin högra sko än gör
detta?

Politikerdagiset i Riksdagshuset fortsätter. De senaste 126 dagarna har varit en fullständig makaber uppvisning i politiskt hyckleri, oärlighet och maktfullkomlighet. Jag kan inte dra mig till minnes att jag någonsin under min livstid, bevittnat maken till falskhet och mängder av lögner som har levererats i korridorer och pressrum på Helgeandsholmen.

Och den största lögnaren och mest maktkåta av dem alla är tveklöst Annie Lööf. Maken till kavalkad av lögner och falskhet har nog aldrig skådats i svensk politik. Det började med att hon lovade svenska folket att hon "hellre skulle äta sin högra sko än att bli ett stödhjul till socialdemokraterna".

Hon gick till val på att dyrt och heligt lova att hon skulle göra allt i sin makt för att avsätta den av Löfven ledda vänsterregering, och bidra till att bilda en borgerlig regering ledd av Ulf Kristersson. Det förste hon gjorde efter valet var därför att medverka till att avsätta Stefan Löfven som statsminister. Sen fick hon fullständig härdsmälta och hybrisen slog ut i full blomning.

Vecka efter vecka har hon pendlat mellan att måla upp sin moraliska förträfflighet och att mobba och förakta över 1 100 000 svenskar som röstade på Sverigedemokraterna och de drygt 500 000 som röstade på vänsterpartiet.

Annie Lööf har sedan valet slängt omkring sig sitt mantra om att "hon har ett ansvar gentemot sina väljare". Vad hon helt verkar ha glömt, var att hon gick till val på att Socialdemokraternas politik var det värsta som funnits.

Att Stefan Löfven inte kunde någonting, och att han under 4 år hade ledd landet i helt fel riktning med en havererade ekonomi, en skenande invandring, en kraschad integration, okontrollerad brottslighet och förrådda pensionärer. Hon skulle min sann se till att ändra på detta! Lööf lovade att det skulle bli förändring om en borgerlig regering skulle få ta över och börja styra.

En borgerlig politik och regering var vad som utlovades. Hon har i ett par år förfasat sig över hur statsministern behandlat henne som en liten flicka och anklagat honom för att se ned på henne och klappat henne på huvudet.

Hennes världsfrånvända verklighetsuppfattning kan i bästa fall beskrivas som skrämmande. KD:s Sara Skyttedal anklagade henne nyligen för att vara en "Quisling". Men detta påstående är ett hån mot Quisling. Alla i Norge visste vad Quisling sade och gjorde. Han ljög, bedrog och bluffade inte som Annie Lööf nu gjort.

Nu har hon alltså gått till sängs med sin nya favorit, Stefan Löfven, och hon ska nu rösta fram honom som Sveriges statsminister igen. Och som den lojala, liberala och fina partiledare hon är, lovade hon pressen i helgen att hon skulle vara en "nagel i ögat" på honom.

Grattis Stefan Löven till en sådan härlig förbundsförvant!

Du behöver aldrig mera några fiender. "You got Annie with no gun." En liberal rödhårig socialdemokratisk stödflicka som aldrig kommer att äta någon sko. Som inte lär hålla några löften av betydelse. En flicka som bytt bort den småländska husmanskosten mot storstadens förgiftade politiska smulor.

Och med sig på denna episka resa har hon fått med sig den pålitlige och lojala majoren från Kinna, Janne Björklund. Eller som jag numera kallar honom: 91:an Karlsson. Fantomen från Folkpartiets djupaste grotta. Mannen som inte verkar vara kapabel att sluta hatta, hata och förakta oliktänkande och icke-liberaler.

Dessa två narcissistiska skönheter som svurit på att aldrig någonsin medverka till att V och SD får något inflytande över politiken (Majoren svor för sina barn till och med), ska nu rulla runt i den socialdemokratiska sänghalmen med en borgerlig politik med stöd av kommunister och miljöaktivister.

De har nämligen i och med helgens beslut, gett vänsterpartiets gammelkommunister och vänsterradikaler vetorätt i riksdagen. Någon mera än jag som inte förstår hyckleriet i liberalernas paradis?

Vilhelm Moberg sade följande: "I en demokratur råder allmänna och fria val". Åsiktsfrihet råder formellt, men politiken och massmedia domineras av ett etablissemang som anser att bara vissa meningsyttringar skall släppas fram. Konsekvensen blir att medborgarna lever i en föreställning att de förmedlas en objektiv och allsidig bild av verkligheten. Åsiktsförtrycket är väl dolt, den fria debatten stryps.

Dock skall tilläggas att det i definitionen för demokratur finns med det faktum att majoriteten av människorna i detta samhällstillstånd själva inte uppfattar att de lever i en demokratur.

Nu verkar det dock finnas en chans att Jonas Sjöstedt och Vänsterpartiet kommer att sätta stopp för denna bisarra historia. Om detta blir verklighet, kommer jag ge eloge till en person som jag aldrig trodde jag någonsin skulle hedra: Partiledare Jonas Sjöstedt.

Han kommer då att uppvisa en politisk och intellektuell heder som få andra uppvisat. Sjöstedt kommer då bevisa att han verkligen tror på de kommunistiska och socialistiska idéerna. Jag delar inte hans ideologi, men jag beundrar i så fall hans uppriktighet.

Lööf har mördat sin egen hederlighet – Sjöstedt har i alla fall visat att han hans heder inte enbart består av tomma ord.

Avståndet är oändligt mellan Lööfs hedersmord och Sjöstedts hedersord.

SVERIGES POLITISKA PÖBEL OCH KARTELLVERKSAMHET

Vi står på den svages sida!
kallestrokirk.se

Den 9 september röstade svenska folket bort den rödgröna regeringen med Stefan Löfven i spetsen. Folket hade talat. Men återigen formades en politisk kartell för att sudda ut folkets röster och deras vilja. Vad Socialdemokraterna gick till val på 2014 havererade kapitalt.

Löfvens löfte om EU:s lägsta arbetslöshet 2020 misslyckades de med. Monumentalt. På 100 dagar skulle de fixa en skola som enligt PISA visade sig vara i det närmaste i fritt fall.

Regeringen lyckades fördubbla Sveriges vårdköer på fyra år.

Integrationen och utanförskapet kollapsade fullständigt under mandatperioden. Under sina 4 år förde Löfven en extrem migrationspolitisk som ett resultat av en obefintlig förståelse av verkligheten och med en ansvarslöshet som var fullständigt häpnadsväckande.

Vekligheten kom dock snabbt i kapp dessa naiva och inkompetenta ledare. Som ett resultat av det av politiker skapade utanförskapet, har brottsligheten och gängkriminaliteten i dag nått katastrofnivåer.

Men tro inte för en sekund att det enbart är Löfvens fel! 6 av 10 väljare i riksdagsvalet 2014 röstade till höger om de rödgröna, men Vänsterpartiet fick trots detta ett betydande inflytande över regeringspolitiken.

Så istället för att fokusera på politisk heder, sina egna politiska löften och partiprogram, så var föraktet och hatet mot Sverigedemokraterna bland övriga partier så stort att man beslutade sig för att negligera valresultatet och istället skapa en politisk kartell. En kartell som sedermera fick namnet "December-överenskommelsen" (DÖ) och som skulle gälla ända fram till valdagen 2022.

Avsikten var att stänga ute Sverigedemokraterna från inflytande, ge Löfven makten samt att minoritetsregeringar var garanterade att få igenom sin budget. Men Kristdemokraterna vaknade tack och lov upp, insåg Alliansens sjuka beteendet och lämnade denna bisarra och ohederliga kartell i oktober 2015.

I det civila livet och inom näringslivet anses kartellverksamhet vara kriminellt. Konkurrensverket definierar karteller på följande sätt: "Karteller utgör en allvarlig överträdelse av konkurrens-reglerna. Om konkurrenter kommer överens om hur de ska agera gentemot sina kunder sätts konkurrensen på marknaden ur spel. Karteller leder till högre priser och sämre produktutbud, till skada för konkurrensen, konsumenterna och samhällsekonomin." En politisk kartell sätter folkets vilja ur spel, ökar skattetrycket, drabbar landets invånare och ökar samhällets problem dramatiskt.

I och med att DÖ fick sin dödsstöt av Ebba Bush Thor och KD, så trodde de flesta att denna bisarra förekomsten skulle vara historia. Men icke!

Den 9 september förra året var det åter dags för svenska folket att gå till valurnorna. Nu med resultatet att en ännu större del av väljarna röstade för en borgerlig politik och att den rödgröna röran skulle upphöra.

Sverige hade sagt sitt. Sverige ville ha en ny statsminister, en ny regering och en ny politik. Men vad var det vi fick? Sveriges partiledare gav oss en uppvisning i total politisk härdsmälta, otaliga lektioner i svek, lögner och maktfullkomlighet.

Det tog Löfven, Björklund och Lööf 131 dagar att komma fram till hur de parlamentariskt skulle kunna förtrycka och förkasta svenska folkets röster och deras vilja. Lösningen var en ny kartell. En mer bisarr, korrupt, osannolik och ohederlig sådan. Denna treklöver utökade nu sitt förakt och hat mot ytterligare ett parti.

Nu jäklar skulle minsann Sverigedemokraterna OCH Vänsterpartiet utestängas från politisk inflytande. Nu skulle dessa två partiers över 1 600 000 väljare spottas på, demoniseras och marginaliseras.

Den 18 januari 2019 kommer gå till historien som dagen då politisk ärlighet, heder och samvete i Sveriges riksdag begravdes. En sorgens dag som symboliserar Socialdemokraternas maktfull-komlighet och vänsterliberalernas svekfullhet och extremistiska hat mot oliktänkande. En dag som för alltid kommer påminna oss om hur Löfven, Björklund och Lööf blåste en hel nation. En blåsning av ett helt folk som kommer få förödande konsekvenser för oöverskådlig framtid.

Denna treklöver har förlorat sin legitimitet att någonsin mera klaga över "politikerförakt". Det har de själva med skrattretande och pinsam entusiasm byggt upp under åratal.

Vanliga människor hade brutit sina relationer med sådana notoriska lögnare för länge sedan. I näringslivet hade motsvarande beteende orsakat att de förlorat sitt jobb med omedelbar verkan.

Riksdagens resultat var följande:

- 153 röstade emot Löfven som statsminister
- 115 röstade för Löfven som statsminister.
- 77 hade inte ryggrad nog att ta ställning.

Vad vi nu fått bevittna saknar motstycke i Europas politiska historia. Stefan Löfven är åter igen statsminister. En statsminister som folket genom val röstade för att avsätta. En statsminister som riksdagen en vecka efter valet avsatte. En statsminister som röstades ner av den nya riksdagen.

Sverige är det enda land i västvärlden där man kan rösta fram en statsminister med färre "ja-röster" än "nej-röster". Riksdagshuset har gått från att vara en sandlåda till att bli en fullfjädrad politisk cirkus. Vad människor i sin vildaste fantasi inte kunde förespegla sig har nu blivit verklighet. Sverige kan numera titulera sig som Europas enda "Bananrepublik".

Löfvens makthunger har blivit mättad genom att han nu ska regera med en borgerlig politik. Ett fullkomligt absurt scenario. Merparten av hans egna väljare är i upplösningstillstånd och våra landsfäder, Hjalmar Branting, Per Albin Hansson och Tage Erlander rullar nog som kebabgrillar i sina gravar över detta bedrägliga ideologiska och moraliska agerande.

Till sin hjälp har han de två mest oärliga liberala partiledare någonsin som han ingått en överenskommelse med. Bestående av en allt mera extremistisk Jan Björklund som förespråkar mera makt över Sverige i Bryssel med mera EU-skatt för svenska folket.

Den andra skönheten är en fullständigt verklighetsfrånvänd Annie Lööf som i ett Sverige med en hårt ansatt ekonomi och en avsaknad av förmåga att ta hand om och integrera sina invandrare, vill ha ökad anhöriginvandring. Hon har röstat fram utbildning och socialbidrag till 9000 afghanska män till en kostnad av över 7 miljarder och visat upp en katastrofal tafatthet mot den eskalerande brottsligheten och gängkriminaliteten.

Lööfs val av "Mitt Sverige" i dagens EKO var hennes hemkommun Värnamo där ironiskt nog de kriminella försöker "ta över stan" efter senaste veckornas skottlossningar, mordförsök och explosioner.

Och som om detta inte vore nog så har Löfven även ingått en hemlig överenskommelse med gammelkommunisterna som nu får vetorätt (de skulle till varje pris skulle hållas borta från möjligheten till inflytande), för att säkerställa att han själv får regera landet de nästa 4 åren. Ett skenäktenskap mellan politiska bigamister som blivit förblindade av det hat de själva ger sken av att vilja bekämpa.

Nu ska Löfven leda landet med Reinfeldtdoktrinen. Han ska sänka skatterna. LAS ska avskaffas. Socialdemokratiska hjärtefrågor ska offras. Miljöextremismen får växa ännu mera.

Vilka signaler ger detta svenska folket? Jo man får ljuga, bedra, förföra, svika, hota, vilseleda, bluffa och luras. Om man bara genom detta kan behålla makten. För i Socialdemokraternas värld så helgar ändamålen alltid medlen. Alltid. Överallt. Oavsätt.

Kvar står jag och många med mig förstummade över denna sanslösa parodi. Vad ska till för att denna politiska pöbel ska vakna?

Löfvens ohederliga kartell har gett resultat. Den förblindar och förpestar. Dess medlemmar korrumperas och hämnas. Den bygger på svek och lögner.

Kartellen är död. Länge leva kartellen!

EU –
EUROPAS
NYA SEKT

Bertold Brecht skrev till DDR:s
ledare ungefär så här! "Om ni
tycker att folket sviker när folket
trycker på så välj er då ett nytt
folk som ni kan lita på!"

kallestrokirk.se

Du kan lura alla människor ibland. Du kan till och med lura vissa människor hela tiden. Men du kan inte lura alla människor hela tiden! Riksdagsvalet har äntligen fått sin konsekvens. Om dock en bisarr sådan.

Stefan Löven har som första regeringschef i Europa lyckats bli bortröstad av svenska folket i vallokalerna, sparkad som statsminister i riksdagen veckan efter valet och ändå genom sofistikerad kartellverksamhet, lyckats krypa tillbaka in i det Sagerska huset.

Genom absurda överenskommelser med Liberalerna och Centern, samt ett hemligt avtal med Jonas Sjöstedt som förmodligen inte tål dagsljus, har han åter igen lyckats dribbla bort det konservativa blocket. Detta är i sig självt beundransvärt.

Läxan som den föra detta Alliansen nu borde ha lärt sig, är att det inte räcker med ryggradslösa, ynkryggade och fega ställningstaganden mot 1,6 miljoner väljare för att undvika att bli tagen med byxorna nere. En hel nation har beskådat deras ynkliga och oärliga spel.

Det är ett monumentalt misslyckande som Kristersson, Busch Thor, Björklund och Lööf har uppvisat. Deras sätt att slarva bort regeringsmakten och möjligheten att leda Sverige i en ny riktning, är ett historiskt magplask som saknar motstycke.

Löfven har spelat ett synnerligen smart och fult politiskt spel. Absolut. Men alliansledarna har med all önskvärd tydlighet visat på att deras krokben på varandra bottnar i och orsakades av en överdos av politisk naivitet. Det finns inget värre än aktiv dumhet!

Men så går det när hat, fientlighet, bitterhet och fördomar får ligga till grund för politiska beslut och strategiska val. "Sent ska syndaren vakna" lyder ett ordspråk inom frikyrkan.

Så under tiden vi inväntar kommande regeringskriser och att ledarna i den havererade alliansen ska vakna, så finns det nu ett nytt val vi måste ta ställning till och rösta om. Söndagen den 26 maj är det ett nytt val till EU parlamentet. Vilka svenskar vill vi skicka dit?

Detta EU, vars ledare ständigt drar sig längre och längre in i politikens mörka katakomber där ljuset aldrig tillåts tändas. Där ligger politiska sanningssägare begravda och där finns rädslan för att korruptionen och maktfullkomligheten ska upptäckas och ifrågasättas. I dessa mörka rum exponeras deras ohederliga skådespeleri och ligger som en våt och unken filt över deras utstuderade makthunger.

Vad som från en början verkade vara en välmenande humanistisk ide som skulle öka samförståndet och samarbetet runt om i Europa, har utvecklats till att bli ett omättligt monster, vars enda syfte är att utforma och lagstadga ökad kontroll över Europas länder och deras invånare.

I dagsläget finns en majoritet i riksdagen för ett fortsatt medlemskap i EU. Det finns lite olika förhållningssätt till denna djupt odemokratiska union.

Regeringen, KD, Moderaterna, Miljöpartiet och Centern sitter i praktiken tysta i båten och sväljer det mesta av alla direktiv och lagar som kommer från Bryssel med hull och hår.

Liberalerna vill att EU ska få ännu större makt över Sverige och vår politik. Inklusive en särskild EU-skatt.

SD vill att svenska folket ska bestämma över vilka lagar och regler som ska gälla i Sverige och att en ny folkomröstning ska äga rum.

Vänstern vill verka mot EU:s federalism och vrida EU mot vänster.

Det otäcka med EU 2019 är att det är ett något fullständigt annorlunda än det EU som vi tog ställning till och röstade "ja" till 1994.

EU grundades i Maastricht 1993 och är i dag världens mest överstatliga samarbete. 28 länder beslutade sig på ett outgrundligt sätt att de skulle låta en handfull personer i Bryssel styra och bestämma över sig. Vad som beskrevs och propagerades för varje lands befolkning var en solskenshistoria om hur gemenskap, samförstånd och solidaritet skulle binda Europas länder samman till en ända stor lycklig familj.

Vad man INTE berättade var att det i denna stora härliga familj fanns en mängd maktsjuka farbröder och episka mytomaner med korrupta och enormt tvivelaktiga agendor. Detta har man under 23 år lyckats sminka bort med en orms listighet. Men när brittiska folket den 23 juni 2016 chockade Bryssel och röstade för att lämna EU:s fantastiska familj, kunde inte ormarna längre maskera sitt förakt mot vanliga människors vilja. Deras lömskhet och vrede blev plötsligt pinsamt uppenbar.

Nu skulle det som Europas vanliga och vänliga folk trodde skulle bli en smidig skilsmässa visa sig bli något helt annat. EU:s ormyngel formligen exploderade i en orgie av hot, hutlösa krav och förnedrande villkor mot örikets Brexit. Bryssel, med Donald Tusk och Jean-Claude Juncker i spetsen visade med all önskvärd tydlighet att vad som i bästa fall var en familj 1994, nu har utvecklats till en otäck sekt. En mycket otäck sekt!

En sekt vars mål är att hjärntvätta en hel kontinent. En sekt vars politiska evangelium är totalitärt, elitistisk och extremistiskt. En sekt där människorna med alla medel ska kontrolleras. En sekt där oliktänkande mobbas till tystnad och bestraffas. Om en sektmedlem mot förmodan försöker lämna, ja då bryter hela helvete lös (fråga bara Theresa May).

Sektledarna hotar (med medias hjälp) att om någon lämnar, ja då kommer det att gå åt helvete för vederbörande. Ekonomisk kollaps, utanförskap och kaos kommer då att inträffa. Den Nepotism och det överförmynderi som i dag genomsyrar EU är försiktigt uttryckt skrämmande.

Det oskuldsfulla lammet visade sig vara en orm vars gift är direkt dödande. När ormen i Bryssel hugger, så kommer direkt en förlamande effekt som sakta men säkert är ämnad att döda. Något serum eller motgift har ingen ännu hittat så det säkraste är att sakta men säkert försöka backa och distansera sig bort från ormens räckvidd.

Detta är inte gjort i en handvändning, men är givetvis möjligt. Och ända sättet är att rösta in vakna personer med ryggrad och mod som kan stå upp för sitt folks önskningar och vilja. Frågan svenska folket måste ställa sig är denna: Vill vi tillhöra denna politiska sekt och fortsätta låta oss bli hjärntvättade?

Valet är vårt. Det måste fattas den 26 maj.

Vi måste själva avgöra bestämmelserätten i vårt land eller om vi ska fortsätta låta sekten i Bryssel indoktrinera oss och styra över våra liv.

VARFÖR ÄR DET SÅ VIKTIGT ATT FÖRSTÅ VAD SOM HÄNDER I USA?

Strokirk

Vilka vågar? Vilka orkar? Vilka är beredda att offra sig? Vad som händer i USA kommer alltid till Sverige!

Genom historien är det vare sig medier, politiska partier eller regeringar som har kämpat för och orsakat stora förändringar i frågor kring mänskliga rättigheter och rättvisa. Tvärt om har det varit modiga kvinnor och män som insett orättvisor, korruption, maktutövande och förtryck och velat göra något åt det.

Dessa individer, vars rättvisepatos och empati gjorde att de valde att utstå förakt, smälek, motstånd, lögner och förtal i alla möjliga sammanhang trots risken att bli misskrediterande och demoniserade. Det är nästan kusligt att studera dessa människor och deras gemensamma öde kring vad de fick utså och uthärda.

William Wilberforce var mannen vars kamp orsakade att slaveriet avskaffades.

Millicent Fawcett blev första kvinna 1897 att på allvar utmana patriarkatet och orsaka att ge världens kvinnor rösträtt.

Mahatma Gandhi orsakade Indiens självständighet från det brittiska imperiet.

Rosa Park och Martin Luther King var föregångare som avskaffade segregeringen i USA.

Nelson Mandela såg till att apartheid avskaffades.

Malala Yousafzai stod upp för kvinnors rätt till utbildning i den muslimska världen.

Nigel Farange var den som visade vägen och tog Storbritannien ut ur EU.

Det finns en mängd ytterligare personer som trotsade etablissemanget och tog upp kampen mot makten och samhällslögnerna som under lång tid fått forma länders öden och deras politiska ideologier. De fick alla uppleva föraktet, hatet och motståndet från samhällets olika maktstrukturer och makthavare. Vissa fick tyvärr sätta livet till i kampen för förändring.

Ett judiskt ordspråk säger att "det finns intet nytt under solen". I den globaliserade värld vi i dag lever i, är det helt nya kamper som behöver utkämpas. Den kanske största kampen består i att sätta stopp för det globala trycket för att tvinga vanligt folk och fria människor in i en tillvaro av ekonomisk, ideologisk och politisk kontroll.

Elitistiska politiker och den finansiella världens agenda är att styra folk in i ett tillstånd där de kan bevakas, kontrolleras och marginaliseras. Detta görs i dag medvetet genom oärliga allianser, elitistiska klubbar, hemliga strategier och mediala utspel.

Avtal och överenskommelser ingås utan medborgares vetskap, individers förståelse och folks godkännande. Dessa avtal och pakter rubriceras oftast som gemensamma försök att "stärka den politiska och säkerhetsmässiga dialogen samt skapa gemensamma områden för fred, stabilitet och välstånd".

Klimatdiktatur, politisk korrekthet, religiös smältdegel, utplånande av länders gränser m.m. är bara några exempel på hur FN och EU försöker ta över nationers självbestämmanderätt och tvinga länders befolkning till total lydnad och underkastelse. Ingen hade på allvar vågat utmana dessa mäktiga krafter. Ingen hade vågat säga emot.

Allt gick som på räls fram tills den 8 november 2016. Då röstade amerikanska folket fram en president som hade lovat föra folkets talan i Washington D.C. och tillgodose det egna landets intressen. På rekordtid gick han från att vara medias älskling till att bli deras hatobjekt nummer ett. Han blev deras värsta mardröm.

Med en dåres envishet vägrade han underkasta sig världssamfundets agenda och kontrollutövande. Tidningar och världsledare profeterade om börskrascher, kollapser i världsekonomin och att 3. världskriget stod för dörren. President Donald Trump skulle krossas. Till varje pris. Personligt. Medialt. Politiskt. Och ekonomiskt.

Problemet var bara att Trump var FÖR förmögen. Han var FÖR orädd. Han var FÖR tuff och FÖR envis. Han hade FÖR stort inflytande via sina sociala plattformar, han samlade 10 000-tals människor på sina möten i alla städer där han kom och ingenting fick honom att backa.

Hans politiska instinkt och känsla för vad vanliga folk behövde och ville ha visade sig vara häpnadsväckande och hans förmåga att dra ner byxorna på oärliga medier och enstaka lögnaktiga journalister har varit minst sagt underhållande.

President Trump är nu den president som har infriat flest löften i amerikansk historia. Han har blivit något så sällsynt som en politiker som håller det han lovat. Vare sig stofiler inom egna partiet eller bland demokraterna ges utrymme att hindra honom från att fullfölja hans kontrakt med det amerikanska folket.

Under sin presidentkampanj utlovade han att han skulle rensa upp i det korrupta Washington DC och utmana maktfullkomliga tjänstemän och lobbyister. Paniken bokstavligen exploderade. Svaret kom som en bomb på posten.

En bisarr rapport (Steeldokumentet), som visade sig vara köpt av Hillary Clinton för 10-tals miljoner, lades till grund för att hävda att Donald Trump bl.a. hade vunnit valet som ett resultat av samarbete med Putin och i maskopi med Ryssland.

Ett 10-tal chefer inom FBI och Justitiedepartementet beslutade sig för att utreda möjligheten att avsätta Trump i enlighet med artikel 25 i konstitutionen. Detta bekräftas i en häpnadsväckande TV-intervju i USA i dag med sparkade vice FBI chef, Andrew McCabe i "60 Minutes".

Mainstream media har nu i över 800 dagar misskrediterat och bedrivit en hatkampanj mot presidenten som saknar motstycke i historien. 10 000 tals Trump-fientliga mejl och sms från toppen i FBI har nu offentliggjorts och de 5 högsta cheferna har fått lämna sina jobb i tillägg till ett antal chefer på amerikanska UD. Det har nu bekräftats att personer i Trumps kampanj blivit avlyssnat i politiska syften med hjälp av falska underlag till den hemliga FISA-domstolen.

De största nyhetskanalerna i USA har under tiden ägnat över 2200 minuter till sin rapportering om Trumps påstådda maskopi och landsförräderi. Det har haglat med krav om Riksrätt och att avsätta honom.

De mest bisarra anklagelser har i över 2 år avlöst varandra men ingenting har fått honom att backa. Hans beslutsamhet och arbetsmoral har besegrat motståndarnas stamina. Resultaten talar sitt tydliga språk och USA:s ekonomi är starkare än på decennier. Kanske starkare än någonsin.

När nu Senatens gemensamma underrättelseutskott i veckan deklarerade att det inte fanns några som helst bevis för alla anklagelser och att det hade förekommit någon maskopi, så inträffade det en total massmedial tystnad. Hans motståndare tappade för en stund all luft och radiotystnaden blev monumental. Och givetvis även i svenska medier.

Efter förhör av över 200 vittnen och efter genomgång av över 1,3 miljoner dokument så konstaterade båda demokrater och republikaner i utskottet att Trump måste anses vara oskyldig.

Inte ett ord i media. Total tystnad. Enbart ännu ett desperat försök att undvika att vanliga människor skulle få bekräftat det de redan i lång tid misstänkt:

Att media är korrupta, vilseledande och de drivs av en agenda mot opportunister och sanningssägare som legitimerar lögner och osanningar så länge det anses främja deras egna ideologiska ändamål.

Man kan tycka vad man vill om President Donald J. Trump. Som alla oss andra har han begått misstag, sagt korkade saker, ljugit ibland och agerat i affekt. Den som är utan synd kan kasta den första stenen.

Men vad han nu håller på att uträtta kan ingen någonsin ta ifrån honom. Han har tagit sig an världssamfundets mäktigaste och mest korrupta ledare. Han vägrar låta sitt folk bli föremål för kontroll och styrning av icke-folkvalde makttörstande elitister. Han slår vakt om de "enkla människorna" som vill leva sina liv ut ifrån egna värderingar, val och beslut.

Han hade kunnat fortsätta leva sitt extravaganta liv i lyx. Fortsätta flyga i sina egna flygplan och bo i sina större bostäder än Vita Huset och njuta av ett fridfullt och bekvämt pensionärsliv med sina miljarder.

Men han ville annorlunda. Han vågar. Han orkar. Han är beredd att offra sig.

Min förhoppning är att vi snart får se flera som honom. Med eller utan pengar. Med eller utan samma förutsättningar. Vi KAN förändra och vi MÅSTE förändra. Ja VI kan!

EBBA BUSCH
HAR BLIVIT HELAD
&
ANNIE LÖÖF
ÄR SNART HALVERAD

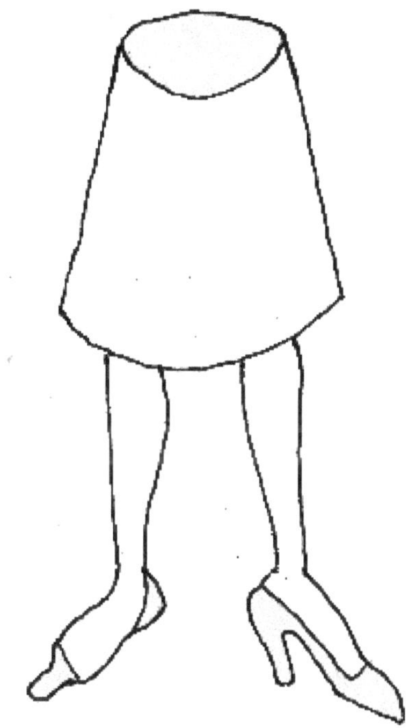

kallestrokirk.se

Som första partiledare har Ebba Busch Thor blivit av med den störande mentala sjukdomen ÅMS, "Åkessons Mobbnings Syndrom".

Efter 3104 dagar som folkvalda riksdagsledamöter i Sveriges Riksdag är det ett parti som äntligen tog sitt förnuft till fånga och vill samtala med SD. Ebba Busch Thor har äntligen blivit vuxen!

Det är så befriande att en svensk partiledare äntligen har vaknat, förstått att det parlamentariska läget i dag är annorlunda, och bestämmer sig för att man faktiskt kan börja prata med en annan folkvald ledare i Riksdagshuset. "Sent ska syndaren vakna", som en del skulle säga.

Men Ebba visar inte bara på ett nyvunnet politiskt mod. Hon visar även med all önskvärd tydlighet att en ung kvinna kan bryta igenom ett kompakt förakt och hat bland avfälliga alliansledare och gå i spetsen för en ny tid med demokratisk respekt och samförstånd.

Ulf Kristersson blev uppenbarligen helt tagen på sängen av Ebbas utspel och har sedan i fredags irrat omkring som en yrvaken tonårskille när han i veckan har besökt olika ungdomsgårdar runt om i Sverige. Han försöker desperat att få ur sig något vettigt som kan gynna Moderaternas ställning och sin egen position som oppositionsledare. För plötsligt hade Ebba tagit från honom initiativet och visat på kraftfullt ledarskap. Det är dags att vakna nu, Kristersson!

Annie Lööf snarkar dock vidare i sin Törnrosasömn och kippar efter luft i en illusion där hon uppenbarligen väntar på att någon hokus pokus prins ska luta sig över, och med en kyss väcka upp henne och rädda henne med något flummigt trollspö.

Hon är desperat efter att få svenska folket att springa in i Centerns famn och basunera ut sin kärlek och stöd till henne. Men de enda kyssar hon kommer få, är Judaskyssarna från Björklund och Löfven. Hennes politiska hångel med sossar, miljöextremister och gammelkommunister är minst sagt häpnadsväckande. Men om man medvetet valt att bygga sin politik på lögner, svek och kränkningar så är det svårt att vakna upp till verkligheten.

Lööf anser att Ebbas beslut är det största sveket som funnits och hon är "djupt besviken på Kristdemokraternas historiska misstag".

Historiska misstag? Annie Lööf är numera de historiska misstagens moder i Sverige!

1. Hon kröp ner i sossarnas säng och gav makten till Löfven.
2. Hon satte sig i knät till Jonas Sjöstedt som hon gjort sig röstmässigt beroende av.
3. Hon hoppade över i Liberalernas sjunkande skepp och började sjunga politiska snapsvisor med Björklund. Falskt som sjutton och utan någon större sanningshalt i texterna.

Som om detta inte vore nog så verkar Smålandstösen helt ha tappat sin självinsikt. Och man börjar lite försiktigt att undra hur det egentligen står till med förståndet? Typ "Jakten på det försvunna vettet".

Hon går från att lova svenska folket att hon ska äta upp sin högra sko (vilket hon givetvis inte håller), till att gå i demonstrationståg med Greta Thunberg MOT sig själv. I sitt desperata försök att hitta nya sympatier så skjuter hon sin egen trovärdighet sönder och samman. Gretas demonstration var ju en protest mot politikernas lamhet och oförmåga att få något gjort. Och i detta demonstrationståg, som var riktat mot henne själv och hennes kollegor, skuttade Annie runt som en liten röd kanin och försökte sola sig i glansen av Greta och alla barnen.

Texten från Håkan Hellströms sång "Magiskt, men tragiskt" lyder så träffande i mitt huvud:

"Och jag dansar med en flicka, hon dansar mig galen
Och sen dansar hon med Rickard på trottoaren
Men varför är vi inte fler
Och det är bara du som ler
Det måste vara något fel på er

För inget är logiskt
För att inget är magiskt
Och det är så tragiskt
Så jag springer tillbaks till dig

Behöver lite kärlek från fel sort och sympatier från fel håll
Och inget är logiskt
Inget är romantiskt
Och det är så tragiskt"

Varför dessa obegripliga utspel från en partiledare?

Är det ingen annan där ute som reagerar över att det för Annie Lööf är viktigare att ta selfies med skolkande skolbarn, än att sätta sig ner som en mogen ledare och resonera med andra olik-tänkande folkvalda ledare? Varför inte istället försöka hitta gemensamma mål och gemensamma nämnare med kollegor, så man tillsammans kan hjälpa det folk man är tillsatt för att tjäna och hjälpa?

Nej inte i Annies värld. For i hennes värld där skolkar man heller från sitt jobb och springer tillsammans med Jonas Sjöstedt och försöker sola sig i glansen från en 16-årig aktivist. Och sen tar hon den, i Gretas ögon, miljöfarliga bilen till SVT och låter sig fotogra-feras med figurer ur Bolibompa. Välkommen till Annies värld där landet "Lagom" har blivit det "Bakvända landet".

Säga vad man vill om Sverigedemokraternas politik, men 1,2 miljoner svenskar har lagt sin röst på dom. 1,2 miljoner människor vill se en förändring. Ingen vettig funtad människa skulle tolerera att en person i ens omgivning blev behandlad så som svenska partiledare har behandlat Sverigedemokraterna de senaste 8 åren. Men nu är det äntligen vår i Sverige! Solen värmer upp våra mörka och kalla själar. Och med våren kommer vårkänslorna.

När vårkänslorna anländer börjar det spritta i benen och folk i allmänhet blir lite gladare, lite trevligare och oftast lite kåtare. Man suktar efter gemenskap, förändring, nya relationer och ny bekräf-telse. Men i riksdagens korridorer går de politiska sengångarna vidare med sina ryggar mot väggarna för att undvika oliktänkande kollegor på väg till sina riksdagsgrupper. Där vill ingen ha vare sig gemenskap eller nya relationer.

Men kanske kan vårsolen 2019 värma upp politisk kyla och lysa upp mörka själar? Tack och lov så verkar Ebba ha blivit helad! Väljarna viskar ett stilla "Halleluja". Och Jimmie känner sig nog frestad att höja ett glas och ropa ett efterlängtat "Amen".

Björklund är snart en politisk parentes i den liberala glaciären som är iskall. Men Annie verkar tyvärr bara bli sjukare och sjukare. Hon lider fortfarande av ÅMS.

Jakten på en läkare eller ett mirakel fortsätter. Som tur är blir patienterna färre och färre. För Centern kommer snart att vara halverad.

185

OM ALLT GÅR ÅT HELVETE, SÅ FÖLJ INTE EFTER

Jakten på en läkare eller ett mirakel fortsätter. Som tur är blir patienterna färre och färre. För Centern kommer snart att vara halverad.

185

STATSMINISTER PINOCCHIO LÖFVEN

kallestrokirk.se

”Det är lättare att tro på en lögn man har hört tusen gånger, än att tro på fakta som ingen tidigare har hört.”

Jag älskar livet! Även fast man ibland får ta smällar som man inte trodde kunde komma, blir knivhuggen av människor man trodde man kunde lita på eller blir satt krokben på från ingenstans.

Att livet ibland kan kännas orättvist har nog de flesta upplevt och känt på. En spännande observation jag gjort genom åren är att problem verkar strunta fullständigt i att du redan har många från förr. Det dyker det lik förbannat upp nya och attackerar dig i alla fall. Men vad gör det? Det finns alltid någon som har det värre. Några som brottas med ett större mörker och plågas av flera demoner.

För egen del försöker jag alltid lyfta blicken, skratta åt mina egna dumma misstag, ta lärdom, hitta nya vägar, finna lösningar och aldrig tycka synd om mig själv. Om allt verkar gå åt helvete så vägrar jag alltid att följa efter.

Min egen styrka i mitt eget liv är jag tacksam för. Jag är vad många brukar säga ”en man i sin bästa ålder”. Ingen tonåring, men vuxen och full av energi, framtidstro och massa möjligheter i livet. Men alla har det tyvärr inte på samma sätt. I synnerhet inte gamla och kraftlösa. Våra pensionärer behöver oss. Och vi behöver dom!

Vad som förbryllar mig är att så många inte verkar förstå alla uppenbara lögner som bevisligen upprepas år ut och år in. Jag har svårt att acceptera att svaga och sköra hela tiden blir lidande till förmån för politiskt korrekta politiker och partiledare.

Åter igen får våra pensionärer ta stryk. SPF (Svenska Pensionärsförbundet) är upprörda över att regeringen vilseleder pensionärerna. Löfven har nämligen i slutändan skurit ner 310 miljoner till äldreomsorgen trots att antal äldre bara ökar. Är någon förvånad?

Istället satsas det 638 miljoner extra på migration och segregationsinsatser. Men regeringens springpojkar i media får det att framstå som att Socialdemokraterna satsar 800 miljoner på de äldre.

Jag har senaste året i mina inlägg vid upprepade tillfällen påtalat hur bra Stefan Löfven ljuger. Han är oerhört skicklig. Och han blir bara bättre och bättre på det! Kommer ni ihåg hur statsministern var ute på turné på äldreboende med TV-team och drack kaffe och fikade med pensionärer innan valet? Han satt och log runt borden i servicehusen och lovade att nu minsann skulle sossarna öka satsningarna på de gamla.

Men det falska och förföriska leendet har förvandlats till en motbjudande spottloska rakt i solar plexus på våra hårt ansatte fattigpensionärer. Så obeskrivligt sorgligt men framför allt så avgrundsdjupt falskt och vidrigt lögnaktigt. Karln äger inte skam i kroppen. Devisen verkar vara "att för att göra en omelett så får man krossa så många ägg som behövs".

Hur länge ska sossarna och Miljöpartiet komma undan med att blåsa våra pensionärer och ljuga dessa samhällets hjältar som arbetat ett helt liv för att förse nya generationer med förutsättningar och möjligheter?

Löfven straffar de som har de svagaste och bräckligaste rösterna, de minsta förutsättningarna att agera och är de mest orkeslösa och bräckliga.

I vårbudgeten nämns "bidrag" 163 gånger, EU 267 gånger och "miljö" 40 gånger. "Polis" nämns 1 gång, brottslighet endast 3 gånger och "terrorism" endast 2 gånger. Inget större utrymme för ökad hjälp till pensionärer där inte!

Jag tittade på Malou von Sivers intervju med statsminister Löfven i måndags. Herrejösses vilken kaskad av förtal och osanningar som levererades i den där fåtöljen. I bästa fall kan man beskriva honom som en politisk "sol- och vårare" men den brutala sanningen är att han är en serielögnare och massmobbare.

Han satt och ohämmat skröt om sin egen politiska förträfflighet, sin politiskt ariska moral och åter igen stigmatiserade sina åsiktsmotståndare som högerextremister och populister. Det fullständigt bisarra i sammanhanget är att denna man som så maniskt har anklagat SD för nazism och högerextremism, nu tydligen på allvar har adopterat Adolf Hitlers stora devis från 30-talet:

"Gör lögnen stor, gör den enkel, fortsätt säga den, och så småningom kommer folket tro på den"

Ingen jämförelse i övrigt såklart, men demoniseringen av oliktänkande och förhållningssättet till sanningar har onekligen många otäcka likhetstecken.

Men jag börjar faktiskt på allvar känna lite morgonluft nu. Det våras för sanning och konsekvens. Det är det som är det fantastiska med vårsolens ankomst: smuts och gammal skit blir så obehagligt uppenbart synligt. Det som vintermörkret så länge lyckats dölja kommer äntligen fram i ljuset.

Det känns som om sossarnas vidriga taktik börjar sjunka in i det svenska folkets medvetenhet. Lögnerna blir uppenbara och deras maktfullkomlighet faller på eget grepp. För vilken annan socialdemokratisk partiledare hade presenterat en vårbudget som går så stick i stäv med partiets historiska värderingar.

Arbetarklassen kliar sig i huvudet och undrar "vad f-n är det som händer?" Jag har alltid gillat Håkan Hellström. Han sjunger som en kratta och har förmodligen svenskt rekord i antal ord och bokstäver i sina låtar. Man blir ibland andfådd bara av att lyssna på tempot i sångarnas texter. Men vilken fantastisk artist! Vilken härlig glädjespridare! Vilka underbart smittande glädje och energi. Och vilken uppriktighet och berättarkonst i sina sånger. Älskar många av hans texter men i dag gillar jag denna uppmaning mest:

"Fortsätt när mörkret kommer och allt göt ont.
Fortsätt som ett höstlöv i vårens första flod
Som ett hjärta som vägrar sluta slå
När varje bön gått åt,
Fortsätt"

Ja kära Håkan Hellström: Vi fortsätter!

Vi, vanliga enkla människor, med vanliga små, stora och påfrestande problem, fortsätter syna lögnerna och börjar avslöja maktfullkomliga politiker som med oärlighet och förnekande av verkligheten tror de kan fortsätta med detta i oändlighet.

Under 1900-talet leddes Sverige mestadels av starka och ideologiskt förankrade statsministrar som ytterst sätt ville fortsätta utveckla det svenska folkhemmet.

Idag leds landet av en Pinocchio-figur som för egen maskin inte ens kan föra en förnuftig intellektuell debatt. Än mindre är han kapabel att hålla sig till sanningar och utlovade löften. Som den verkstadssvetsare han i grunden är, styrs han av talskrivare, politiska "wannabees", kommunikationsexperter och mediatränare. Han är inkompetent och sjunker ofta som en sten när han pressas att själv röra sig utan manus.

Ingen glömmer väl någonsin TV-debatten om straff kring sexuella övergrepp och våldtäkter, där han från ingenstans kom med det briljanta inspelet att "LAS (lagen om anställningsskydd)" var det viktiga att framhålla i saken.

Sverige har en statsminister som metodiskt stigmatiserar konservativa och kategoriskt omnämner dessa som högerextremister som måste hållas borta från allt politiskt inflytande.

Pinocchio är en söt animerad Disneyfigur jag läst om för mina egna barn. En suverän berättelse av Carlo Collondi om hur viktigt det är att inte ljuga. Och kanske blir även Löfven, precis som Pinocchio, snäll till slut och får bli en riktig pojke. En riktig socialdemokrat.

Men själv fördrar jag en "Lejonkung" att leda landet där mina barn ska växa upp och bo i. Någon med ryggrad, mod och intellektuell ärlighet.

GUD GAV
VÄRLDEN HOPP
- DE KRISTNA GAV
SKANDINAVIEN ETT
AVGRUNDSDJUPT SVEK

kallestrokirk.se

Vi är mitt uppe i firandet av den viktigaste och mest omvälvande kristna och judiska högtiden. Påsken, som vi kristna firar, och pesach som judarna firar.

Pesach, som ibland kallas den judiska påsken, firas som en åminnelse för hur Gud skonade det judiska folket innan Han genom Moses räddade dom ut ur slaveri och fångenskap i Egypten. För de kristna är påsken själva fundamentet i deras tro.

Palmsöndagen var dagen då Jesus red in i Jerusalem, hyllad och älskad för alla mirakler och all livsförvandlande hjälp mot människor i alla möjliga olika samhällsklasser. Han hjälpte de fattiga, gav hopp till de hopplösa, botade de sjuka, tröstade de förtvivlade och konfronterade dåtidens religiösa hycklare, de elitistiska och maktfullkomliga. Jesus lärde oss hur vi skulle leva våra liv, hur vi skulle behandla varandra och hur mycket Gud älskade alla människor. Trots att vi ofta vänt honom ryggen.

Han kunde relatera till alla människor och deras situation. Jesus blev vår homeboy. Påsken är en tid för försoning och korset är en evig plats för förlåtelse. Och påskdagen blev dagen för historiens mest spektakulära comeback. Jesus chockade alla när han stod upp från de döda och bevisade för världen att Han var den Han utgav sig för att vara.

Under de kommande 39 dagar visade Han sig för, och talade med hundratals människor som sedan grundade den kristna församlingen och tron som vi i dag känner den.

Den kristna tron föddes i Jerusalem och förvandlade hela dåtidens kända värld för alltid och har sedermera blivit världens största trosinriktning. Genom de episka händelserna i Jerusalem på korset, och genom uppståndelsen på påskdagen, blev förlåtelse, försoning och upprättelse gjort tillgänglig för en hel värld. Men det fantastiska som inträffade där, har tyvärr en del så kallade "kristna" genom historien lyckats besudla genom maktfullkomlighet, grymheter och politik.

I modern tid har även en stor mängd enfaldiga och uppriktiga kristna i olika kyrkor lyckats med konststycket att ersätta påskens verkliga budskap med egna traditioner, teologier, en katastrofal oförmåga att vara äkta och relevanta i den värld man levt i.

Man har missat att det viktigaste är att älska människor. Inte förakta, förringa och stigmatisera deras liv och levnadssätt. De har ersatt påskens verkliga budskap om förlåtelse och förvandling till egenproducerade bud, regler och krav.

Nåd har blivit ersatt med fördömelse, ödmjukhet har förbytts till översitteri och förlåtelsen har omvandlats till kravställande. Trots uppdraget att förmedla nåd och glädje har det genom historien blivit mycket dömande och snack om dom.

Kristet liv har fått namnet kristendom. Samlingsplatser för glädje och firande har döpts till domkyrkor.

Tidigare i veckan brann den magnifika Notre Dame i Paris. Det är nog den största mediala uppmärksamhet en kyrka fått i modern tid. Tyvärr var det enbart de förlorade kulturskatterna och det skadade kulturarvet som fångade uppmärksamheten.

Jag älskar att gå in i vackra kyrkor och sätta mig ner och beundra de vackra utsmyckningarna. Att bara få sitta och andas in stillheten och vara själv med mina tankar och känslor är verkligen härligt. Men så fort en kyrklig gudstjänst drar igång så får jag oftast panik och vill bara ut i friska luften.

Något mera tråkigt, verklighetsfrånvänt och irrelevant får man oftast leta efter. Söndagsgudstjänsterna är oftast att likna med ett gökur från Tyrolen. Varje söndag vid 11 ringer klockorna och prästklädda gökar i sticker ut sina hjässor och mässar några svårbegripliga anekdoter med onaturliga röstlägen och högkyrkligt språk.

Lite glädje, inga skratt, inget begripligt budskap för en normal funtad människa 2019, och framförallt: ingen kraft lik den som kom under den där påsken i Jerusalem.

Skandinaviens kristna har nästan fullkomligt tappat kursen och förståelsen för hur de ska vinna den kamp de är satta att utkämpa. De kristnas uppgift är att berätta, predika och förklara. Den Helige Andes uppgift är att övertyga. Och Guds uppgift är att döma.

Tyvärr har många kristna tagit på sig samtliga roller och kört ett race som enbart har stött bort vanligt folk. Vad dagens politiker gör mot vanligt folk gör tyvärr många kyrkor och kristna mot vanligt folk också. Så tragiskt, så förtvivlat beklagligt och så avgrundsdjupt svekfullt.

Människor i dag behöver inga pekpinnar och förmaningar. De behöver kärlek, uppmärksamhet och hjälp. Och hjälpen kom. Vi kallar den påsken. Genom sin död och korsfästelse fullföljde han sitt uppdrag att dö för allas synder och därigenom ge mänskligheten förlåtelse för alla misstag, dumheter och ondska.

Det är så djupt beklagligt att kristna har orsakat så mycket stollerier, sårat så många och hycklat så mycket och så länge. Jag vill av hela mitt hjärta be om ursäkt till alla ni som råkat ut för detta från dessa kristna. Sveket mot skandinaver är horribelt. Men det finns något äkta, något verkligt och sant bakom alla mänskliga misstag. Så när du ätit dina påskägg och pysslat klart med dina påskharar och påskkycklingar så kom ihåg att påsken handlar om något annat. Om någon annan.

Det handlar om Han som lärde oss så mycket och som sade: "Den som söker, den ska finna. Och den som ber, hon och han ska få."

Oro och bekymmer är en konversation med dig själv om saker du inte kan ändra på. Bön är en konversation du har med Gud om saker Han kan ändra på.

197

NEW YORK TIMES AVSLÖJAR SITT SANNA ANSIKTE

Den vidriga antisemitiska vågen sköljer i allt större grad över oss från extremvänstern. I Sverige kräver stora delar av kultur- och nöjeseliten samt den politiska radikalvänstern att Sverige ska bojkotta Eurovisionsfinalen i Israel. John Lundvik ska minsann inte få sjunga i Tel Aviv.

Helt sedan 2015 har mainstream media försökt tuta i oss att USAs president är antisemit och rasist. När det nu visar sig att han är den mest Israelvänliga president någonsin, och att han även är den som gjort mest för landets svarta genom att genomföra den stora fängelsereformen samt orsakat historiens lägsta arbetslöshet bland de svarta, får media total härdsmälta.

Denna vidriga bild på förra sidan, från den historiskt erkända tidningen New York Times, är fullkomligt chockerande! Den ska föreställa en blind Donald Trump som leds av blindhunden Netanyahu.

Det ger mig kalla kårar och påminner hur nazisterna på 30-talet använde liknande bilder på judar som hundar och spindlar. Ofta tillsammans med Englands dåvarande premiärminister, Winston Churchill. Detta händer alltså i april 2019. Från en av europeisk medias största nyhetskälla och av sociala mediers mest citerade "faktakällor".

När sanningar blir uppenbara och verkligheten visar sig stämma illa överens med de mediala lögnerna, så mäktar man inte med att hålla skinnet uppe längre. Då avslöjas deras sanna ansikte. Och det är så obeskrivligt fult och alarmerande.

Hatet och antisemitismen kommer inte från högern som media ofta försöker få det till. Dessa avskyvärda vindar av hat och historieförfalskning blåser in över oss från vänstern med en allt mera illa dolt skepnad. Fasaden till New York Times har krakelerat. Flera f.d. "respektabla" fasader kommer rasa framöver. Håll ögonen öppna och se vad som händer.

Sveriges utrikesminister, Margot Wahlström, är numera portad från Israel och inte längre välkommen in i landet på grund av sin uppenbara antisemitism och Israelförakt.

Mellersta Östens enda demokrati är under attack, och judarna i västvärlden förföljs i en allt större utsträckning. Under ledning av mestadels vänstervridna mediehus och vänsterradikala politiska profiler.

Låt oss inte tillåta att historien upprepas!

DEN SVENSKA SOCIALDEMOKRATIN OCH FOLKRÖRELSEN ÄR DÖD!

Nu har den slutat röra sig!

Den 1 maj 2019 blev det definitivt klart för den stora svenska massan. Sverige fick bevittna hur Socialdemokraterna numera leds av en statsminister som i bästa fall kan rubriceras som en trevlig "go gubbe" med några års facklig erfarenhet som sin främsta merit.

I mörkröda Umeå hade enbart några hundra tappra sossar med "bäst före datum" typ 1976, orkat marschera några hundra meter och nynna lite trött på den gamla svenska kioskvältaren "Internationalen". Dängan som förr i tiden ekade från Smygehuk till Treriksröset från 100 000-tals engagerade människor på arbetarrörelsens högtidsdag.

Socialdemokraternas medelålder bland sina medlemmar är i dag 63 år. Om du undrar vad som är 27 meter långt och luktar hembränt, så är det 1 maj-tåget i Haparanda.

Själv var jag på väg till ett morgonmöte vid Norra Bantorget igår, och den enda jag såg denna 1 maj morgon, var en trött gammal farbror med en trumpet i sin hand. Han skulle i alla fall tömma sina lungor på denna historiskt så viktiga dag. Hans ögon var tomma. En så sorglig syn!

Det var en bruten man, sviken av sitt eget parti, ideologiskt våldtagen av sin egen partiledning, och bestulen på sin pension som han slitit för ett helt liv, av sin egen regering. Jag kände klumpen i halsen. Viken tragedi. Vilken skymf. Och vilket svek. Han var ett typexempel på vad sossarna lyckats skapa genom år av misskötsel, interna intriger, maktkamp och rävspel för att klamra sig fast vid makten. Samt en kaskad av brutna löften.

I sitt 1 maj-tal gick Löfven till frontalangrepp mot alla icke-socialistiska partier som han buntade ihop och kallade för "högerextremistiska krafter". Han hävdade att en eskalerande del av svenska folket är ett hot mot demokratin. Statsministerns intellektuella oärlighet och hans fontän av verbala utfall mot oliktänkande var minst sagt skamliga.

Ulf Kristersson med sin lågmälda stil, hävdade att "svensk socialdemokrati skämde ut sig" och Ebba Busch Thor plockade fullständigt sönder Löfven i ett långt Facebook inlägg. Man undrar nästan om karln gått från vettet.

Medan sossarna skriker ut sitt förakt mot övriga meningsmotståndare, mobbar sina riksdagskollegor och buntar ihop socialkonservativa och värdekonservativa i en bunt de kallar "högerextremister och rasister", så fullständigt exploderar det av antisemitism, korruption och kommunistfasoner i deras egna led. I sossarnas tåg i Skåne igår, med före detta ordförande i Malmös kommunstyrelse, Ilmar Reepalu i spetsen, skanderade man "krossa sionismen".

Socialdemokratiska medlemmar och förtroendevalda som Ardalan Shekarabi, Rizwan Elahi, Khloe Abdel Wahab, Omar Al-Ganas med många flera är öppet antisemitiska, homofobiska och representerar moskéer och är öppet medlemmar i Ahmadiyya-rörelsen.

Lägg därtill allt medlemsfusk inom SSU, all djupt rotad antisemitism och alla Israelhatande rikspolitiker med palestina-sjalar inom partiet med Margot Wahlström i spetsen. Dessa har inte så mycket gemensamt med den deprimerade trumpetisten på Vasagatan igår.

Stefan Löven leder numera ett parti som äts upp från insidan av karriärmänniskor som försöker hitta den sista vågen de kan surfa sig fram till politiska maktuppdrag, ekonomiska positioner och lukrativa avgångsvederlag.

Vår statsminister drillas i absurdum av sina politiska talskrivare och mediekonsulter för att hans totala avsaknad av egen talförmåga, ideologi och begåvning att kommunicera egna övertygelser. (Om han nu har några kvar.) Hans brist på politisk kompetens och lyhördhet är total. Vår statsminister lyckas med konststycket att få Mona Sahlin att framstå som ett oralt orakel och en sanningens vapendragare.

I tisdagens interpellationsdebatt stod han åter i riksdagens kammare och hackade ur sig inlärda fraser och politiska "talking-points". Inte en enda spontan och oplanerad replik så långt ögat kunde se.

Han var inte ens kapabel att svara på Jimmie Åkessons direkt ställda fråga om varför han inte ville komma ut och välkomna Jeanette Höglund och ta emot 10 000-tals underskrifter från tusentals pensionärer som knappt har mat och tak över huvudet.

Att han först i dag träffade grundaren av "Vid din sida" är så sorgligt symptomatisk för hela hans sätt att leda landet. Han kom en vecka för sent. Han föddes förmodligen för sent! Precis som han är för sen i princip allt, på absolut alla områden.

Precis så sen som han varit gällande hemvändande ISIS-krigare och muslimska terrorister. Idag dömdes den första återvändaren till 15 års fängelse för mord. Och nu vill Löfvens regering hitta nya sätt och nya vägar för människor att söka asyl i Sverige.

Han vill uppenbarligen ha in flera problem i landet utan att ens vilja lösa de befintliga. Kanske är orsaken till detta att färre och färre svenskar numera röstar på Socialdemokraterna, och deras bisarra förhoppning är att nyanlända med skyhöga bidrag ska utgöra deras nya väljarbas.

Vad vet jag?

Snälla Löfven, det är dags att inse att den svenska folkrörelsen och den sanna socialdemokratin är död. Din ideologi och dina tokerier håller på att vittra sönder ett helt land.

Vi är inte ett hot mot demokratin. Vi är ett hot mot dig och ditt föråldrade irrelevanta parti som straffar era gamla byggstenar och anhängare. Er högfärdiga och förljugna retorik håller inte längre.

Den stora majoriteten av svenska har gjort slut med ditt parti. Skilsmässan är ett faktum. Ditt parti förstår sig inte längre på vanligt folk med vanliga problem och behov. Ni är på väg att bli en liten gammelkommunistisk sekt som ingen längre vill förknippas med på 1 maj. Era ständiga försök att kontrollera ett helt folk med nya lagar, regler, restriktioner och skatter kommer krascha.

Det är en ny folkrörelse som växer fram. De är uppriktiga och allt mer högljudda. De behöver inte längre era statskontrollerade mediekanaler med er propagandaapparat bakom sig. De kan tänka själva. De har sina egna kanaler och nu kan de nå ut med sina egna budskap och åsikter genom sina egna trumpeter.

Snart finns inte längre några sorgsna socialdemokrater med trumpeten i handen på våra gator längre.

En svunnen tid är borta. Tack för det gamla som var gott.Nu vill Sverige ha nya ledare. Ledare med visioner och sann medkänsla.

NÄR SVENSKA POLITIKER KYSSER MUSLIMSKA LEDARES FÖTTER OCH SVÄLJER DERAS DUBBLA BUDSKAP

kallestrokirk.se

Kampen om Sverige och västerländska värderingar går nu in i ett avgörande skede. Islams kvinnosyn är hårresande och horribel.

Det pågår en kamp i Europa. En kamp mellan en religions målmedvetna kamp för att dominera en hel kontinent. Det växer fram ett parallellsamhälle omkring oss som är fullständigt skrämmande och fullkomligt obehagligt.

Att svenska politiker sedan länge har haft en skrämmande flathet gentemot muslimsk kultur bland invandrare och asylsökare har vi alla kunnat bevittna. Den nuvarande regeringens bottenlösa feghet och svek mot svenska folket har för länge sedan passerat alla rimlighetens gränser.

Numera införs tider i svenska simhallar där män inte får bada med kvinnor. Så mycket för den 100-åriga svenska kvinnokampen för jämlikhet! De få kritiska röster som försökt göra sig hörda i debatten under senare år har konsekvent tystats ner av såväl media som den politiska makteliten. Dessa röster har marginaliserats, demoniserats och rubricerats som islamofobiska, främlingsfientliga och rasistiska.

Med djävulsk precision har man lyckats skjuta dessa individer i sänk och dödat det fria ordets rätt att få utrymme i den politiska debatten. Så fort man påtalar stollerier och bisarra värderingar bland muslimska utövare så blir man islamofob och främlingsfientlig.

I veckans "Uppdrag granskning" fångas olika imamer och muslimska ledare på TV-inspelningar med sina hårresande och horribla budskap. Deras syn och värderingar om hur man får slå sina kvinnor är så avgrundsdjupt motbjudande och något som Västvärlden för länge sen avfärdade som olagligt, kränkande och kvinnofientligt.

Mahmod Adams, från Stockholms moské, sade att det för varje muslim är tillåtet att ha till och med fyra fruar. Abdul Wade från Uppsalas moské visade upp sitt rätta jag. Abdur Kadir Salad från Örebros moské predikar att "det inte är bra för muslimska kvinnor att ringa polisen". Dessa och andra islamska ledare i Sverige ger legitimitet till våldsvärkande män. Dagligen. Överallt.

Mubejzat Becirov, ordförande för Malmö Islamic Center, sitter på fullt allvar i studion och berättar att "Sverige behöver inte sådana reportage och att Sverige inte har gjort sig av med sitt förflutna. Att ovan nämnda ledare är akademiker med språksvårigheter som kämpar mot orättvisor och förtryck. Jo tjäna! 6 av 10 moskéer i Sverige predikar att kvinnor måste ha sex även fast hon inte vill.

Den nya svenska sexlagen rubricerar detta som våldtäkt och ett antal svenska män har dömts för detta den senaste tiden. Lika många moskéer avråder sina kvinnor från att gå till polisen när de blir misshandlade. I svenska moskéer finns inte jämställdhetsfrågor.

Många imamer står fram i olika medier och förnekar och ljuger öppet och ogenerade om sina ideologier och islams avsikter och utövande. Allt medan stora delar av media och politikerna blåögd går på dessa blåsningar och på fullt allvar tror på deras utspel.

Vad de däremot inte förstår, är att en muslim enligt koranen avsiktligt får ljuga för en "icke-troende eller oren" människa. Och detta gör de ständigt och jämt för att gynna sina syften och sina agendor.

Socialdemokraterna, Centern och Miljöpartiet har en sak gemensamt: de har alla lagt sig flata för de allt mera växande muslimska kraven på det svenska samhället och öppnat upp sina partier för dessa krafter. Deras skandaler kring sina muslimska partivänner är minst sagt skandalösa: Män som inte vill ta kvinnor i hand när de hälsar, förespråkande av Sharialagar, antisemitiska slagord i korridorer och 1 maj-tåg med mera Listan kan göras pinsamt lång.

Den bisarra händelsen och historien i Knutby framstår som en skärgårdsidyll i jämförelse med islams sanna ansikte i Sverige. Allt för att vinna nya röster under täckmanteln "vi är för ett mångkulturellt samhälle och jämlikhet", utger de sig för att värna om "allas lika värde" och ger sken av att man brinner för dessa frågor. Dessa självutnämnda feministiska företrädare är så falska och oärliga att man rodnar av skam.

Annie Lööfs hyckleri i frågor som rör feminism och jämlikhetsfrågor är så sjukt provocerande och bisarr att ord inte längre finns som kan beskriva detta. I veckans partiledardebatt sade hon från talarstolen: "Kampen om Europas framtid pågår här och nu! Liberala värderingar om frihet, tolerans, jämställdhet, rättvisa, klimatansvar, samarbete är ingen lek med ord".

Jo, Annie Lööf, du leker med ord! Men inte bara det. Du och dina lättlurade och förförda feministiska kollegor leker inte bara med ord. Ni leker med kvinnor. Ni leker med människor. När det handlar om vita skandinaviska kvinnor som förtrycks, misshandlas, våldtas och skadas så skriker ni lungorna ur er med era feministiska megafoner. Rätt så!

Men när det däremot handlar om icke-svenska, nysvenska och invandrarkvinnor så blir ni knäpptysta. Era röster tystnar, era ord och fördömanden sväljs med en kopp kaffe och undvikande svar. Ni kysser muslimska ledares fötter, sväljer deras bortförklaringar och anpassar er efter deras anspråk, krav och villkor.

Merparten av Sveriges muslimer är fina och uppriktiga. Jag känner själv många och har flera väldigt goda vänner som är muslimer. Jag älskar dom.

Vad jag däremot vänder mig mot och varnar för, är den faktiska verkligheten där fundamentala muslimska ledare och verksamheter förespråkar ett utövande och en praxis som inte hör hemma i Sverige och Skandinavien. Den måste nu bekämpas av våra politiker. Hårt och med beslutsamhet. Därför är det så oerhört viktigt att all utländsk finansiering av moskéer omedelbart måste upphöra.

Anledningen till att antal moskéer har exploderat i Europa senaste 15 åren är en medveten strategi från länder som till exempel Saudiarabien.

Vi vanliga svenskar får knappt sätta in några fjuttiga tusenlappar på våra bankkonton längre. Våra kontanter ifrågasätts och misstänkliggörs. Men muslimska verksamheter byggs och öppnas ständigt med utländsk kapital från minst sagt tveksamma regimer och suspekta håll.

Det kanske är på tiden att vakna folkens? Ett fullskaligt krig pågår om vilket inflytande som ska prägla Europa och Sverige. Våra politiker har inte fattat det och media vill inte avslöja det.

De slukar imamernas dubbla budskap med hull och hår och vågar inte sätta ner foten. Deras feghet och rädsla är skakande. Åter igen är det vi, vanliga folk, som måste resa oss, rösta och börja våga stå på de rättigheter vi har här i våra egna länder. Rättigheter som våra förfäder kämpade och betalade ett högt pris för.

REGERINGENS POLITISKA PROPAGANDAMASKIN

Om vi inte får prata skit
om varandra så måste vi ju
vara tvungna att lösa
problemen!

kallestrokirk.se

Sitter i ett regnigt Oslo och pratar EU. Vakna, vänliga och vanliga norrmän och en del företagsledare samtalar om Sverige och stundande EU-val.

Hajar till när slutkommentarerna i rummet landar i en och samma fråga: "Hur är det möjligt att i 2019 vara statsminister i Sverige, och så uppenbart vilseleda och skamlöst kunna ljuga för sina invånare? Och komma undan med det?"

"Ja, det vete fan," svarade en kommunpolitiker i Oslo.

Själv satte jag mig in i bilen, väntade någon minut med att trycka på startknappen, medan jag försökte sortera tankarna o känslorna från dessa "norska medelsvenssons". Deras förvåning var närmast att beskriva som chockerade. Chockerade över hur "söta bror" i grannlandet kunde acceptera ett sådant maktutövande över ett helt land. Över ett helt folk. Eller som en pressansvarig på en av Norges största TV-kanaler uttryckte det: "De flesta svenska politiker verkar ha förlorat all förnuft och tappat allt förstånd. Vem har förhäxat dom?"

Ja, det är synnerligen skrämmande och djupt oroväckande att betrakta en socialdemokratisk statsminister, med en allt mörkare rödfärgad regering, som så metodiskt och rigoröst ägnar sig åt att misskreditera sina politiska motståndare, ljuga genom mediala kanaler och försöka förföra ett lands väljare.

Gamla Sovjetunionen var beryktade och fruktade för sitt omfattande propagandaapparat. Svenska socialdemokratin verkar numera ha plankat strategin totalt! Med en imponerande likhet och skrämmande frenetism.

Moderater och kristdemokrater är numera högerextremister i detta Herrens år, 2019. Sverigedemokraterna är bruna, främlingsfientliga och rasistiska människor. Gemensamt för 2 829 803 svenskar som röstade på dessa partier i september, är att de numera är fiender till den svenska demokratin, och med alla medel måste förhindras från att få ännu mera inflytande i EU-valet nu på söndag.

För enligt skönheterna Löfven, Lööf och EU-Björklund, så handlar EU-valet nu egentligen bara om en enda sak: Högerextremism.

För alla som inte vill böja sig, tillbe och hylla Donald Tusk och Jean-Claude Junckers agenda, skrota sina bilar, släppa in allt och alla från Afrika och Mellanöstern, sluta äta kött, ge efter för sin flygskam och bli totalt kontrollerade av det finansiella system som skapats av globalisterna, är numera högerextremister och en fara för demokratin.

Den ena lögnen drar den andra efter sig, och Löfvens karavan av lögner har passerat det patetiska. Många med mig anser att den politiska fars som i dag utspelas framför våra ögon blir allt mera bisarr, beklämmande och bekymmersam. Min bestefar (morfar) lärde mig att "det följer en skugga med allt". Skuggan som följer dagens socialdemokrati är monstruös. Den är otäck, den är obehaglig och den är osmaklig. Men EU:s skugga är om möjligt ännu mer skrämmande och läskig.

Jag har aldrig haft sansen för mörkermän och olycksprofeter men vad vi ser växa fram ur Strasbourg är direkt kusligt och otäckt: Ett kontrollsamhälle utan känsla för vanliga människors liv och deras verkliga problem. En notorisk ovilja att låta folkets önskan tillgodoses. En totalitär maktfullkomlighet som enbart gynnar elitens syften och politikers egna ekonomiska syften och som göder deras förakt och hånfullhet mot sina invånare.

Med Brexit i backspegeln ser vi mer tydligt än någonsin hur politikers arroganta agerande gentemot väljarnas vilja totalt förkastas och annulleras.

Tro inte för en sekund att EU:s och engelska politikers försök att ändra folkets beslut var en enskild händelse. Det är utspekulerat och sofistikerat. Makten framför folks vilja och önskningar är det som ska gälla.

Därför har propagandamaskinerna startats upp. Och de rullar fram i det ena lömska medieutspelet efter det andra. Alla kritiska röster mot EU:s maktfullkomlighet ska nu en gång för alla tystas ner, demoniseras och begravas. Taktiken består i att hänga ut dessa människor som högerextremister. Det låter nämligen farligt, oönskat och hotfullt.

Varje land har fått tilldelat sin "valgeneral". I Sverige heter han Stefan Löfven. "Statsministern med rätt att ljuga."

Och merparten av det norska folket står utanför detta EU och skakar på sina huvuden och undrar vad som hände med det sunda förnuftet?

Nej det vill Löfven och EU inte längre ha. Ej heller folkligt klarsynthet. Inga folkliga röster eller öppna ögon är längre önskvärda. Det liknar det som hände i den lilla norska fiskebyn: "Nu ska du få se, sa gubben, när han stack ut ögonen på kärringen."

EN KAMIKAZEMINISTER MED OÖNSKAD NATIONALDAG, OÖNSKAT KUNGAHUS, OÖNSKAD D-DAGSFIRANDE MEN MED ETT ÖNSKAT 4:E RIKE

Hjälp! Vi håller ju
faktiskt på att
sjunka!!!
Men Roffe då!
Var inte så
vattnofobisk!
WWW.KALLESTROKIRK.SE

Sverige har i veckan firat sin nationaldag och svenskarna blir tack och lov lite bättre på att fira den för varje år som går. Sedan svenska flaggans dag fick status som Sveriges nationaldag 1983, blev en salutdag 1996 och högtidlighålls som en helgdag 2005, har det blivit mera accepterat att fira att Sverige åter blev ett fritt rike under Gustav Vasa.

För mig och andra norrmän som bott i Sverige under åratal, har det alltid varit båda märkligt och svårt att förstå varför det inte varit rumsrent att fira sin frihet och sitt oberoende från andra folk och nationer. Vad som varit normalt i andra länder har i Sverige varit onormalt och ansetts fult i det socialistiska Sverige.

För i Sveriges förträffliga socialdemokratiska rike ska inget få ta strålkastarljuset bort från det maktsystem som skapat dagens svenska samhälle. Ett samhälle där vare sig Kungahus eller Gud är önskat.

Sverige har under ett århundrade systematiskt hjärntvättat sina invånare till underkastelse där staten slugt och subtilt tagit över bestämmanderätten och sakta men säkert monterat ner den individuella friheten och individualismens existens.

Detta socialistiska system som på 60-talet rev bort kristendomen från skolor och offentliga rum, och om Stefan Löfven och hans parti fick bestämma, skulle stänga ner kungahuset och sparka kungafamiljen all världens väg. För en sann socialist avskyr nämligen Gud och monarkin. Gud är avklarat. Kung Carl XVI Gustav kvarstår för Löfven.

Troligtvis skulle sossarna sen flytta sitt kansli från Sveavägen 68 till Slottsbacken 1. För konsten att sätta sig själva på piedestaler och belöna sig med kapitaltillgångar och avgångsvederlag har Socialdemokraterna en beundransvärd historia att under 100 år ha fullkomnat till förträfflighet.

Men frihetens vindar blåser starkt mot Löfven och hans socialistiska bröder och systrar. De gjorde nyss sitt sämsta val någonsin sedan partiets begynnelse, men verkar inte alls förstå att svenska folket har fått nog av den socialistiska smörjan av lögner, kontroll, maktfullkomlighet, självgodhet, demonisering av oliktänkande och omyndigförklarande av vanliga arbetare.

Socialdemokraterna är i fritt fall och regeringschef Löfven är numera kamikazeministern vid spakarna.

Vad många svenskar och de flesta svenska medier däremot nästan helt ignorerade den 6 juni, var firandet i Normandie av 75-årsdagen för Operation Neptune. Mera känd som "D-dagen".

Denna dag som för alltid skulle förändra Europa. Dagen som innebar början på slutet för Hitler och nazismens barbariska ockupationer, kusliga maktinflytande och utplåningen av miljontals judar. Dagen då mera än 100 000 amerikaner hade lämnat sitt land och sina familjer, för att tillsammans med hjältar från 12 andra länder, befria miljontals européer de inte kände.

Det är vad verklig empati och sann kärlek till sin nästa ser ut i det riktiga livet. I verkligheten.

Priset? Nära 9000 män som aldrig kom hem till sina barn, sina förälder, sina familjer och nära och kära. De offrade sina liv och dog där på Frankrikes 5 stränder. De flesta på Omaha Beach. För vår skull. För framtidens européer. För vår generations frihet från förtryck.

Lägg därtill 1000-tals män vars liv aldrig mera skulle bli detsamma efter sina skador.

Men tror du Sveriges regering brydde sig nämnvärt om hedrandet av denna dag? Inte en enda representant från Löfvens regim var på plats. Ingen!

Och den socialdemokratiska propagandamaskinens nyhetstäckning av begivenheten var i det närmsta obefintlig. Ett fallskärmshopp av en krigshjälte fick beskriva begivenhetens relevans i den statliga kanalen.

I övrigt så handlade det mesta om höjda priser på avokados i USA som resultat av Trumps hot om tariffer mot Mexiko om de inte stoppar de miljoner av illegala som de släpper genom sitt land och hindrar droghandeln som dödar över 100 000 amerikaner varje år.

President Donald Trump däremot, gav ett fantastiskt rörande tal om vad sann medmänsklighet och verklig solidaritet innebär, som knappt lämnade ett öga torrt bland alla närvarande.

Till och med Trump-hatande journalister som CNN:s Jim Acosta och MSNBC:s Joe Scarborough var tvungna att erkänna att det var det bästa talet presidenten någonsin hållit. Även elakhet måste ibland kapitulera inför respekten för historiska uppoffringar och mänskliga stordåd.

Men i det socialistiska indoktrineringens mönstersamhälle Sverige ska inte ens en sund och vacker nationalism uppmärksammas.

Det ultimata beviset på det absurda och bisarra i den svenska socialistiska hållningen kring firandet av D-dagen, är ju det faktum att ideologin som fick dödsstöten i Normandie, inte var högerextremismen. Det var nationalsocialismen från det tyska arbetarpartiet!

Socialister och kommunister har i 75 år försökt med tidernas mest lögnaktiga historieförfalskning. Hitler var nationalsocialist och nazismens rötter är i den socialistiska nationalismen. Inte något högerfenomen som man försökt indoktrinera ett par generationer med. Därför försöker Löfven tysta ner och ljuga om det faktum att hans förälder och morförälder var nazister. Och som kronan på den obehagliga socialistiska juvelen har han mage att kalla sina meningsmotståndare för högerextremister (M och KD) och nazister (SD). Allt för att svärta ner och associera konservativa med nazismens äckliga tryne.

Om Löfven hade haft lite skam och bara en gnutta äkta socialistisk solidaritet i kroppen, hade han själv suttit i Normandie och hyllat de 300 soldater som var med och slogs 1944, tillsammans med övriga europeiska ledare på plats. Och hedrat minnet av denna oförglömliga dag som räddade Europa.

Men ett historielöst ledarskap skapar historielösa medborgare. Och av historien lär vi oss att vi inget lär oss av historien. Hitler försökte bilda det 3:e riket med dödliga vapen, hänsynslös terror och fysisk utrotning. USA slog det i spillror.

Löfven är med på att bygga det 4:e riket utan vapen, men med ekonomisk kontroll och ideologisk utrotning bland oliktänkande. Detta rikets namn är EU. Dess ledare är icke-folkvalda makthungriga härskare. Samma bakomliggande krafter, men med så mycket mera sofistikerade och "humana" vapen.

Frågan denna gång är bara: Kan USA slå även detta försök i spillror? Är Trump den orädda och okänsliga amerikanska ledaren som likt President Franklin D. Roosevelt i 1944, bara inte bryr sig om vad maktens härskare i Europa hotar med? Finns det lika många människor 2019 som i 1944 som inte vill låta europeiska ledares maktfullkomlighet få sudda ut landsgränser, nationers suveränitet och folks egna bestämmanderätt?

Likheterna mellan 1944 och 2019 i Europa är kusliga och skrämmande. Enda skillnaden är vilka vapen och metoder som används. De mest avgörande händelserna i historien har alltid varit sådana händelser som man höll för omöjliga.

Det ser onekligen mörkt ut, men jag tror verkligen att vi, vanliga människor kan göra avgörande skillnad. Vi tillhör våra länder och våra länder tillhör oss. Men vem är jag och vad vet väl jag? Jag är ju bara en norrman som älskar mitt land, är stolt över att vara norsk och firar vår nationaldag så mycket jag bara kan och försöker föra samma stolthet vidare till mina 3 söner. Som har bott hela mitt vuxna liv i Sverige och njuter av att höra "Du gamla du fria" och firar även denna viktiga dag.

Och känner stolthet över såväl det norska som det svenska kungahuset.

STRIDEN OM DEN LIBERALA TRONEN OCH TONEN

Mig blir ni aldrig av med!
Jag byter bara sida!

kallestrokirk.se

Häpnadsväckande och fascinerande att bevittna maktkampen inom Liberalerna. Erik Ullenhag och hans makthungriga och verklighetsfrånvända påhejare, mot Nyamko Sabuni, som vill förändra partiet och närma sig vanligt folk och de borgerliga partierna.

Aftonbladets mörkröda politiska redaktör Anders Lindberg, som hatar allt vad individens frihet heter, skriver närmast i panik och med blodsprängda ögon att "vi numera lever i vredens tidsålder". Nej, gott folk, vi lever i en tidsålder då vanligt folk börjar vakna, inser att de är totalt lurade och förrådda av den politiska eliten, vill riva sig loss från det kontrollsamhälle som sossarna skapat och vägrar ta mera förtryck, och som inte längre vill acceptera att bli omyndigförklarade av sina så kallade "ledare".

Vill Liberalerna lyssna på sina medlemmar (folket), eller vill de göra en politisk skenmanöver för att kunna tillsätta Jan Björklunds stjärngosse? Bakom Ullenhags vena leende döljer sig samma förakt och förljugenhet som Björklund så skickligt förgiftade det liberala ledarskapet med. Inte undra på att han under din tid som partiledare bytte namn på sitt parti.

Namnet "Folkpartiet" skulle nämligen bytas ut till fördel för "Liberalerna". För Björklund var inte längre intresserad av folket. Eller något som kunde förknippas med god gammal sund folklighet. De var numera enbart röstsedlar som skulle samlas in för att kunna fortsätta legitimera hans mobbning och göda hans hybris. Därför skrotades namnet. Han ville ganska enkelt ha mera makt och större inflytande för sin egen del.

Att det sedan innebar offrande av löften och lojaliteten till KD och Moderaterna var bara en en liten parentes. Men högmod går före fall och partiet föll nästan ur såväl riksdag som EU-parlament i hans eget fall.

Nu står Folkpartiets eget fotfolk redo att göra revolt mot Björklunds mänskliga bengaler. Jag hoppas Sabuni släcker ut samtliga av dessa maktfaklor och återför det ursprungliga liberala förnuftet och vettet. Invandrarbakgrund och kvinna. Måtte denna i många avseenden, så klarsynta kvinna få sin chans. Den är hon värd att få!

Adjö, Jan Björklunds perverterade liberalism. Det var skönt att du inte lyckades fullborda ditt mål!

MEDIAL MASSPSYKOS OCH POLITISK HÄRDSMÄLTA

Söndag kväll utanför Amway Centre i Orlando. Flera hundra har börjat köa med sovsäckar, mat och kuddar. På måndagskvällen är det närmre 1000 personer som står/ligger i kön.

Över 120 000 människor har hört av sig för att komma in på onsdagskvällens tillställning. Arenan tar enbart 25 000 så det är liite svårt att ta in alla. Därav de tusentals som fick stå utanför och titta på storskärm.

Vem är det dessa ska då vill lyssna på? Rihanna? Drake? Beyonce? U2? Nej, det är inga världsartister de väntar på. Det är bara USA:s president Donald J. Trump som ska tillkännage att han vill ställa till omval i november 2020.

Märkligt att någon som enligt mainstream media och mätningar är så otrolig opopulär! Nobelprisvinnaren i ekonomi, Paul Krugman, sade timmarna efter valsegern, att "nu kommer en global recession utan ände i oöverskådlig framtid".

Trots friande av fyra olika oberoende undersökningar kring ankla-gelser mot honom under 2 år, som alla kommit fram till att det inte fanns någon maskopi med Ryssland, försöker politiker och media hålla lögnen vid liv. Denna idiotförklarade president som sänkt arbetslösheten till 3,8% (EU 6,4%) och skapat 6 miljoner nya jobb på 2,5 år. Plus historiens lägsta arbetslöshet bland svarta, latinos och asiater. Och han har gett sitt land en av de största skatte-sänkningar i landets historia. Huvudsakligen för medelklassen. Som om inte detta vore nog, har han skapat den lägsta arbetslös-het bland kvinnor sedan 1953 (3,1%) och lägsta arbetslösheten i hela landet på totalt 51 år. 8 miljoner färre amerikanare på statliga matkuponger säger en hel del.

USA börsen har slagit över 80 rekord sen Trump tillträdde.

Han har omförhandlat NAFTA, fixat Natos ekonomiska bekymmer (enligt Stoltenberg), gjort USA självförsörjande av olja och gas för första gång sedan 2:a världskriget, reformerat kriminalvården för att gynna de svarta, mer eller mindre eliminerat ISIS, som enda världsledare vågat ta fighten med Kina, ålagt de starkaste sanktioner mot Ryssland i modern tid, mm. Listan kan göras väldigt mycket längre.

Undrar hur Sverige och EU hade hyllat en ledare med liknande resultat i Europa?

Demokraternas för tillfället, främste kandidat, Joe Biden, samlade knappt 200 personer i Iowa förra veckan. Biden namngav Trump 86 gånger under sitt tal. Komplex någon? Visst är det intressant att följa den kollektiva mediala masspsykos som omger oss mer eller mindre dagligen?

Löfven har precis höjt sin lön med tusentals kronor i månaden.

President Trump vägrar lyfta någon lön och donerar den istället varje månad till olika grupperingar i samhället.

Och det skulle vara väldigt spännande att se hur många som kom för att lyssna på statsminister Stefan Löfven om han bokade Tele2 Arena en regnig tisdagskväll för att tala till vanligt folk.

Om en "skojare" till president kan, så borde väl en "framgångsrik" socialdemokratisk statsminister i EU:s mest socialistiska och feministiska land kunna också?

Handsken är kastad. Herr Statsminister.

PÅ ÅRETS LJUSASTE
DAG KNACKAR DET
SVARTASTE MÖRKRET
PÅ VÅR DÖRR

Enligt SVT "tycks" skjutningarna
ha minskat.

www.kallestrokirk.se

Vi har precis firat midsommar. Årets festdag nummer ett. Hundratusentals svenskar vaknar i dag med baksmälla och huvudverk med olik styrka. Inget fel i det.

Alla folk som på olika sätt är frihetsberövade i detta land, med olika knutar i sina magar i form av ångest och snärjda själar, behöver släppa loss ibland för att påminna sig själva om hur det känns att inte bry sig om vad grannen säger eller tycker. För svensken har i decennier dresserats av det socialistiska maskineriet att ständigt lyda statens alla direktiv, tiga, knyta näven i fickan och för det mesta ta hänsyn till vad alla andra säger och menar.

Den kollektiva ideologiska tvångströjan har delats ut till alla svenska folkhem. Uttrycket "från vagga till grav" beskriver hur man har avsett att påverka och styra individer. Och nåde den som inte ställer sig i ledet, lyder och håller käften. För vad Sveriges socialistiska elit har beslutat det gäller. Färdig snackat!

Låt mig ta dig tillbaka till 1976, då Socialstyrelsen fattade beslutet och basunerade ut till det svenska folkhemmet: Nu djävlar ska varje svensk äta 6–8 skivor bröd om dagen. Så sent som 2006 gällde direktivet fortfarande enligt Livsmedelsverkets professor Åke Bruce. Om brödet bara är nyckelhålsmärkt …

Sossarnas metodiska taktik att försöka fördumma folk var nära att lyckas men tack och lov så verkar vissa börja vakna upp!

Socialstyrelsens och andra "socialistiska expertgruppers" uppdrag har numera övertagits av riksdagsledamöter, ministrar, partiledare och EU-pampar. Skillnaden är tyvärr bara den att det i dag är så mycket allvarligare, så mycket mörkare och så mycket mera bedrägligt än vad det var på 1900-talets "Sörgårds-idyll".

I 2019 handlar det inte längre om mackor och brödskivor. Nej nu handlar det om ekonomisk kontroll, myndighetsbevakning, kollapsat rättsväsende, katastrofal integrering, skenande och okontrollerbar massinvandring, pensionärsförakt, psykisk ohälsa och miljöextremister som påtvingar vanligt folk de mest bisarra direktiv.

Den senaste skönheten som Stefan Löfven har skickat fram på barrikaderna, är biträdande finansminister och miljöfundamentalisten Per Bolund. Karln verkar ha tappat allt förstånd. På riktigt!

För nu ska en svensk plastkasse kosta 7 (!) riksdaler per styck. Orsaken är att Sverige måste rädda världshaven från plasthelvetet. Och om svenska konsumenter bär hem sina varor i plastkassar så går allt käpprakt åt helvete och "jorden kommer upphöra om 12 år".

Det är givetvis en självklarhet att vi alla bör tänka på miljön och skydda den planet vi fått att förvalta! Men det är liksom inte så att svenska sophämtningsföretag har importerat polacker för att slänga våra sugrör och plastpåsar ner i Östersjön.

Om Bolund bara hade använt en liten gnutta av sitt förnuft och sin läsförmåga, hade han kunnat läsa senaste rapporten från World Economic Forum där det konstateras att 90% av all plast i världshaven kommer från 10 olika floder. 8 afrikanska floder och 2 floder i Asien. Inget från Dalälven, Torne älv eller Indalsälven. Men Löfven & co tror uppenbarligen att svenskarna numera är hjärndöda.

För samtliga av dessa politiska mytomaner och verklighetsfrånvända figurer vet att Sverige har världens bästa, miljövänligaste och mest effektiva sophantering. De verkar på fullaste allvar inte förstå att svenska folket ser igenom deras falska agendor, deras raffinerade lögner och utspekulerade massmediala utspel för att höja skatterna, öka deras ekonomiska börda, tvinga folk på landsbygden att flytta till storstäderna genom att öka skattetrycket på bilar och bränsle.

Miljöpartiet och deras partiextremister hatar bilar, föraktar bilister och ser rött så fort de ser barnfamiljer som behöver egna transportalternativ för att få den dagliga logistiken att gå ihop. För 2000-talets sossar och miljöfanatiker får kåtslag när de ser en cykel eller biogasbuss. Så länge de inte behöver använda dessa själva. Deras egna taxinotor är nämligen de högsta och mest onödiga, och deras eget bidragsfusk är förkastligt och horribelt.

Klimatminister och vice statsminister Isabella Lövins man, Lasse Nilsson, kör en Ford Ranger från 2005 som är vad Miljöpartiet själva rubricerar som "ett miljöfarligt dieselmonster". Men hennes familjs val är såklart helt motiverat och berättigat enligt henne själv. För hennes man Lasse "jobbar med sten".

Personligen har jag inga som helst synpunkter på vad folk kör för fordon, utan det är hyckleriet och falskheten jag vänder mig emot!

Ett av många problem med klimatministern, är att hon inte själv har barn och uppenbarligen inte förstår att man som förälder på landsbygden och som oftast även i stan, behöver bil för att skjutsa sina barn till aktiviteter. Sommar såväl som på vintern. Men denna verklighetsfrånvända skönhet envisas med att hänvisa till cykel, tåg, buss och tunnelbana. Säg då i så fall till din gubbjävel, klimatminister Lövin, att "han får släpa med sina stenar på bussen".

En del av det kompakta mörkret som dessa potentater för med sig, är att de allra flesta av dom har ett regelverk för sig själva, och ett helt annat för vanligt folk med vardagliga behov, nödtorft och utmaningar. Detta kallas dubbelmoral.

Ett avskyvärt ord för hederliga människor i Sverige, men en legitim verbal omskrivning för makthungriga elitistiska politiker utan empati, medkänsla och förståelse för andras vardag. Deras tysta och utspekulerade motto lyder: "Beskatta folk så hårt att de blir tvungna att acceptera våra direktiv och utspel. Pressa dom tills de viker ner sig och inte orkar spjärna emot och opponera sig längre."

Detta beteende använde kommunismen sig av i decennier och blev sedermera adelsmärket till Sovjetunionen.

Jag hinner tyvärr inte exemplifiera allt annat mörker som jag nämnde tidigare. Det kommer jag att återkomma till senare i kommande artiklar. Men det borde inte längre råda någon tvivel kring hur våra politiker tänker och resonerar. De letar febrilt efter vägar, sätt och fabricerade hotbilder som de kan använda som skäl för att fortsatt kunna styra och kontrollera vanligt folk.

Är ledsen för att jag kommer med ett sådant mörkt budskap på årets ljusaste helg. Men kan inte låta bli. Jag har aldrig varit, och kommer aldrig att bli en mörkerman eller domedagsprofet. Men jag är djupt oroad och uppriktigt skrämd över vilka förförande metoder och argument som makthungriga politiker i dagens Sverige använder sig av. Enbart för att få sin vilja och sina ideologier genom för att fortsätta med sitt myndighetsutövande, sin överstatlighet och kontroll.

Möjligen kan 8 skivor bröd dämpa morgonens baksmälla. Men alla limpor i världen kan inte bota den baksmälla som dagens politiker håller på att skapa.

Vi talar här om en fyllesjuka av episka mått.

SOCIALDEMOKRATINS SANNA ANSIKTE ÄR SVÅR ATT DÖLJA LÄNGRE

Socialdemokraterna får skrämmande
många röster i no go-zonerna.
Nu har de jävlarna eldat upp ännu en bil för
oss! Vad ska vi göra?

Att statsminister Stefan Löfven i åratal förtalat, ljugit om, demoniserat, ärekränkt, misskrediterat och smutskastat sina meningsmotståndare är tyvärr ingen nyhet. Att Socialdemokraternas olika ungdomsförbund i en allt större utsträckning blivit antisemitiska och judehatande är inget mindre än fruktansvärt och oacceptabelt i ett demokratiskt samhälle.

En av de vedertagna sanningarna i all beteendevetenskap är följande: Först formar vi våra egna beteenden. Men efter en längre tid av försummelse, underlåtelse, misskötsel och vårdslöshet så börjar våra beteenden forma oss. Eller snarare gestalta, gjuta och modellera oss. Löfven & Co i dagens svenska maktcentrum har inte själva format sina beteenden.

Deras egna sjuka, makthungriga, korrupta och härsklystna ambitioner och beteenden har nu format socialistiska politiker till de dessa är i dag. Det är inte längre Hjalmar Branting, Per Albin Hanson och Tage Erlanders tankar och beteenden som har format dagens sossar. Deras dagar som influensers är över. Det är historia. Ett minne blott.

Det började spåra ur fullständigt med Olof Palme. Det har kraschat totalt med Stefan Löfven!

Vad som nu visar sig dag efter dag, vecka efter vecka och år efter år, är att 2010-talets socialdemokratiska ledare och påläggskalvar är en ny klick av individer. En ny politisk ras. Ett nytt totalitärt släkte. En elitistisk och föraktande varietet.

Deras ideologiska grund är förakt, makt och kontroll. Deras språk är noggrant planerad och utstuderad osanning. Deras retorik är bortförklaringar, skuldbeläggande och falska lockelser.

Ett utmärkt exempel på denna nya politiska ras, är den folkvalda sossen Håkan Hallengren i Göteborg, som i veckan twittrade om en lunch mellan Ebba Busch Thor och Jimmie Åkesson.

Såhär tänker en sosse som känner sig hotad över att meningsmotståndare börjar prata med varann för att kanske kunna hitta gemensamma nämnare som kan bidra till att hjälpa Sverige åt rätt håll.

Men som så ofta när den socialdemokratiska makten kan misstänkas hotad, så flyger det politiska topplocket av ögonblickligen! Alliansen är historia. Björklund tillhör det förflutna.

Ebba och Jimmie pratar med varandra. Löfven darrar. Partikollegor flippar ur. Och Anders Ygeman har nu deklarerat att nästa måltavla för Sveriges globala miljöansvar är svenskarnas tacokött på fredagskvällarna.

Sommaren är kort.

Hoppas nuvarande lögnaktiga och föraktande regim regnar bort. Deras sanna ansikte kan inte längre döljas.

Inte ens en en krystad humanitär burka kan dölja deras avskyvärda politiska nylle.

INTELLEKTUELLA DVÄRGAR, PROSTITUERADE KLIMATEXPERTER OCH ETT EXTREMISTISKT BARN

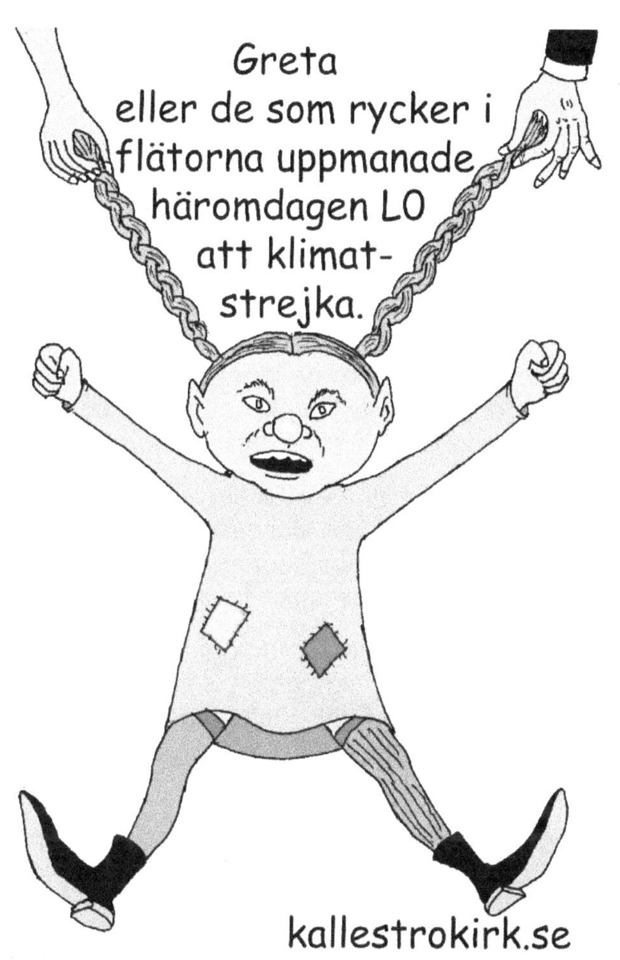

Greta
eller de som rycker i
flätorna uppmanade
häromdagen LO
att klimat-
strejka.
kallestrokirk.se

Vi lever i häpnadsväckande tider! Majoriteten av Europas politiska ledare och intellektuella elit är mestadels verklighetsfrånvända broilers som oftast vare sig har någon högre utbildning eller någon praktisk arbetslivserfarenhet.

Förr i tiden var epitetet "kunskap är makt" en ledande sanning. Ord som heder, moral, etik, personligt ansvar och konsekvens är termer och benämningar som historielösa människor avskyr, ogillar och fasar för.

I dagens samhälle handlar det enbart om att vara politiskt korrekt, rätta sig in i de partipolitiska leden, inte stöta sig med någon samhällsgrupp, och framför allt: Gör ALDRIG några utspel eller uttalanden som kan stöta sig med massmedias åsiktsfascism och inte får plats i den spagettitunna åsiktskorridoren.

Sanning har ersatts av individers egenproducerade åsikter, uppfattningar och hemmasnickrade ideologier och värderingar. Är man högutbildad, erfaren och kunnig, så är risken stor att man från journalister blir förlöjligad och av politiker föraktad.

Nyligen besöktes Skandinavien av en av världens mest respekterade professorer i psykologi från University of Toronto, Jordan B. Peterson. Aftonbladets politiska chefredaktör, Anders Lindberg, hängde ut honom som "en Kalle Anka-forskare".

Utrikesminister Margot Wallström bad honom "krypa tillbaka under den sten han kom från" och skönheten, fröken Annie Lööf, satte näsan i vädret i Skavlans fåtölj, och sade att alla de globala studier, forskningar och fakta Peterson byggde sina teser på, de "trodde hon inte alls på". Ridå! Snacka om intellektuella dvärgar.

En av Norges mest älskade visdiktare, Alf Prøysen, skrev förutom sagan om Teskedsgumman, den skämtfulla sången "I bakväntland". En tokig och skämtsam sång. Men vi håller nu på att sätta skämten i halsen. För i år 2019 är precis allt bakvänt. Rätt blir fel och fel görs om till rätt. Fakta förlöjligas och rubriceras som "kontroversiellt". Påstådda och förvrängda lögner görs om till nya och "insiktsfulla" sanningar. Den mänskligt orsakade klimatförändringen är en myt.

Först när Al Gore fick med sig ett dussin chefer från Goldman & Sachs på Wall Street med sina nya ekonomiska intressen, och startade rörelsen "Klimatförändring" i början av nittiotalet, tog miljörörelsen av på allvar. Sedan dess har socialistiska företrädare okritiskt adopterat budskapet, trummat ut sina mantran och injicerat fruktan, rädsla och skam hos vänligt inställda folk som vill vara rädda om vår miljö, våra hav och vår planet. Med avsikten att folket skulle foga sig, acceptera och finna sig i att skatter, avgifter och ekonomiska bördor skulle kunna höjas. Och folket sväljer, betalar och vågar knappt ifrågasätta. För ingen vill ju vara "miljöförnekare!"

Som om detta inte skulle vara nog, så kryddar dessa falska domedagsprofeter sina budskap med att lägga nya vidriga folksjukdomar på människor. Borta är smittkoppor, digerdöden, kolera och spanska sjukan. Nu ska här spridas psykisk ohälsa. Rädslor, depressioner, skuld, miljöskam, flygskam och bilskam.

Skam handlar i grund och botten om att tvingas vara någon man inte är, och försöka bli någon man tror att man bör vara. Vem och vilka är det som tvingar på oss detta 2019?

I 2007 sade Al Gore i sitt tacktal för Nobels fredspris att "det är 75% säkert att all polaris skulle smälta inom 5–7 år". Isbjörnarna skulle snart dö ut och världshaven skulle stiga med episka konsekvenser. Al Gores profetior har visat sig vara falska. De var rena lögner!

Den 8 oktober 2018 kablades budskapet ut på nytt. SVT och TV4 slog nästan knut på sig själva: "Världen har 12 år på sig att avvärja en klimatkollaps" och ekot hördes i alla europeiska mediekanaler. IPCC-rapporten från FN hade talat! Om inte revolutionerande åtgärder omedelbart sätts i gång, så kommer jorden att gå under inom 12 år. Känns budskapet igen? Någon?

De vetenskapliga fakta och olika mätningar talar sitt tydliga språk: Vi har inte haft några klimatförändringar att tala om de senaste 100 åren. Däremot en hel del väderfenomen. Vissa år extrema perioder av värme och oväder.

Enligt miljöfacisten Per Holmgren skulle vi inom några år glömma hur det var att gå på skidor p.g.a. snöbristen orsakad av den globala uppvärmningen. Berätta det för norrlänningarna som nästan snöat inne senaste vintrarna.

De starkaste och värsta stormarna i modern tid var för över 75 år sedan. Grundaren av "The Weather Channel", John Coleman, en oerhörd respekterad vetenskapsman, har sedan början varit en stor skeptiker till påstådda klimatförändringar.

Vetenskap handlar inte om omröstning eller konsensus. Vetenskap handlar om fakta.

FN och en mängd olika länders regeringar ger varje år ut 100-tals miljarder i direkta bidrag till olika klimatstudier. Problemet är att bara det att enbart de vetenskapsmän som stöder politiker och miljömaffians hypoteser om global uppvärmning får bidragen. De har inget val! Om de vill ha pengar så måste de stödja teserna som spottas ut med outtröttlig och oförminskad styrka. Enbart i USA betalades det förra året ut 2,5 miljarder dollar i bidrag till studier som gav stöd till det demokratiska partiets påståenden.

Media basunerar ut att 97% av alla vetenskapsmän är överens om klimatförändringarna. Så är inte fallet! Däremot stödjer 97% av alla rapporter det politiska budskapet om klimatförändringar. Det måste de ju göra för att de ska få del av pengarna som ges ut. Det finns 1000 vetenskapsmän som har skrivit under på att dessa rapporter inte stämmer. Prostitution kallades detta. Vissa säljer sina kroppar, andra säljer sina själar. Och som grädde på moset har Sverige nu fått sin egen lilla frälsare.

Ett extremistiskt svenskt barn, designat av några vuxna ultraradikala vänsteranhängare och ett knippe pengakåta PR-folk som blivit Europas nya älskling. För vem vågar ifrågasätta ett barn?

Ett barn som inte äger ett dussin hus runt om i världen med elförbrukning som motsvarar behoven för hela stadsdelar. Som inte flyger runt i sitt eget supertörstiga privata jetplan, inte åker runt på sina yachter, i helikoptrar och med ett dussintals törstiga bilar. Men Greta Thunberg kommer med Al Gores gamla budskap och kraschade profetior. Lika missvisande, osanna och överdrivna. Men med så mycket mer extremistiska och revolterande tongångar.

Underligt förresten att alla dessa "nyfrälsta" barn runt om i Europa inte strejkar, ropar och skriker nu när de är lediga från skolor och jobb. Så nu vill hon släpa med sig fackliga organisationer också.

I skrivande stund är hon i skivstudio i England och sjunger in en sång med "The 1975" där inkomsterna ska doneras till den ultraradikala aktivistorganisationen "Extinction Rebellion" med sina rötter i den engelska Occupy-rörelsen. Mörkröda hela gänget förstås.

Jag anser det vara är en självklarhet att vi ska värna om den jord vi har fått att förvalta. Vi har alla ett ansvar att göra vårt bästa för att minska onödig belastning på naturen. Men lösningen är inte att skatta sönder vanligt hårt arbetande folk.

Man slutar inte producera plastpåsar utan man tar hutlöst betalt för dom istället. Bensinen ska beskattas till förbannelse så folk ska tvingas åka kollektivt istället. Men busslinjer läggs ner på landsbygden för att folk inte har råd att betala de höjda priserna på bränsle. Varför?

Jo, kontrollen över folket ska öka och den individuella friheten ska begränsas. En gammal socialistisk paradgren med en ny galjonsfigur i spetsen.

Det finns intet nytt under solen.

Förr var det religiösa knäppgökar som stod för domedagsprofetiorna. Idag är det bekräftelsehungriga miljönarcissister som ropar ut världens undergång.

Om du ser en dåre som låter som en dåre, så är det troligen en dåre …

GUDFADERN, DEN MODERATA MAFFIANS METODER OCH DERAS NYA OFFER

Så ni i regeringen har allstå inte tillräckligt med pengar för att rusta upp polisen så att de ska kunna stoppa de kriminella?
Nej precis! Pengarna går ju till att föda alla kriminella!
www.kallestrokirk.se

Du gamla, Du fria, Du fjällhöga nord
Du tysta, Du glädjerika sköna!
Jag hälsar Dig, vänaste land uppå jord,
Din sol, Din himmel, Dina ängder gröna.
Din sol, Din himmel, Dina ängder gröna.

Du tronar på minnen från fornstora dar,
då ärat Ditt namn flög över jorden.
Jag vet att Du är och Du blir vad du var.
Ja, jag vill leva jag vill dö i Norden.
Ja, jag vill leva jag vill dö i Norden.

Jag städs vill dig tjäna mitt älskade land,
din trohet till döden vill jag svära.
Din rätt, skall jag värna, med håg och med hand,
din fana, högt den bragderika bära.
din fana, högt den bragderika bära.

Med Gud skall jag kämpa, för hem och för härd,
för Sverige, den kära fosterjorden.
Jag byter Dig ej, mot allt i en värld
Nej, jag vill leva jag vill dö i Norden.
Nej, jag vill leva jag vill dö i Norden.

Rickard Dybeck skrev Sveriges nationalsång 1844. Till skillnad från andra länders nationalsånger har "Du gamla, du fria" aldrig officiellt, genom ett politiskt beslut, antagits som officiell nationalsång. Tack vare socialdemokraternas djupa avsky för patriotism och sund nationalism.

I Richard Dybecks ursprungliga text löd första textraden "Du gamla, du friska", men detta ändrade han 1866 till "Du gamla, du fria".

Det fanns en tid då Sverige var ett friskt land. Sverige håller på att bli ett allt sjukare land. Riktigt sjukt. Det fanns även en tid då vi var fria. Men Sverige har ockuperats av ett knippe maktfullkomliga politiker med hjälp av mediala åsiktspoliser och journalister som blivit politiska aktivister.

Det nya Sverige överger sina pensionärer, förgiftar sina barn och förråder åter igen en hel ungdomsgeneration. Den psykiska ohälsan exploderar, den importerade brottsligheten är som ett skenande tåg som inom kort kommer drabba allt för många och allt för tidigt. Samhällets grundstenar rycks bort en efter en, och i takt med att de stora frågorna ökar, så tystas allt flera förståndiga och vettiga röster som skulle kunna ge nödvändiga förnuftiga svar.

Sverige framstår allt mera som en tanig och utmärglad skugga av det svenska folkhemmets idylliska porträtt, där framtidstro, idealism och individers visioner och ambitioner fick blomstra och växa. Men något hände för några år sedan, och har sedermera eskalerat i en skrämmande takt.

Åsiktskorridoren formades sakta men säkert, men dess makt och inflytande upptäcktes inte förrän det var för sent. Det politiska och mediala hatet mot människor som tänker, känner och uttrycker sig förnuftigt eller avvikande, tilltar oroväckande snabbt.

Detta är den nya verkligheten som allt flera personer och grupper i dagens samhälle får känna av. På ett smärtsamt och ofta brutalt sätt. Åsiktskorridoren krymper alltmera och individualisterna vingklipps den ena efter den andra. Sverige framstår allt mera som den mest åsiktsextremistiska demokratin i världen. Vi föds som vackra original, men våra "ledare" vill vi ska dö som bleka kopior!

Under de senaste decennierna har socialisterna och de liberala i mainstreammedia haft monopol på denna åsiktskorridor. En korridor där enbart de som lider av intellektuell anorexia eller som är idealistiskt bankrutta får plats.

Vi har i veckan fått ännu ett exempel på det som för många ansågs vara otänkbart hända. Moderaterna har gett oss det slutliga beviset på att socialdemokrater och kommunister inte längre är ensamma om att tysta ner och marginalisera oönskade röster.

Hanif Bali råkade skjuta sanningens kulor på moderaternas heliga ko, Carl Bildt.

I hinduiska länder får människor mångåriga fängelsestraff om man dödar en helig ko, även om ens familj riskerar att dö av svält. Sverige är inte ett dugg bättre!

Den moderata maffian ser till att straffa människor genom att man utesluts ur förtroendeuppdrag, marginaliseras som politiker, demoniseras för sitt självständiga tänkande och verbalt arkebuseras av den egna partiledningen. Moderata maffians metoder är minst sagt förbluffande. Och häpnadsväckande.

Inte nog med att vuxna partimedlemmar ska läxas upp av självutnämnda påvar som anser sig själva vara förträffligheten personifierade. De är också oerhört noga med att genom mediala kanaler basunera ut budskapet att "nu ska min sann berörda lymmel kallas in" på maffians matta, och ställas till svars, tryckas upp mot väggen och hotas till "självvalt avhopp, frivilligt frånträdande och önskade övergivanden".

Fråga bara hur Anna Klingberg Batra, Maria Borelius, Cecilia Stegö Chiló, Björn Schaerström och Ulrica Schenström hur det var att bli utsatta för den skrupellösa Moderatmaffian. Eller varför inte Sven Otto Littorin. Ingen pardon. Inget tålamod. Ingen nåd eller förståelse.

Och nu Hanif Bali. Jag känner inte Bali och har aldrig träffat honom. Men har däremot läst en hel del av hans för Moderaterna, obekväma sanningar och oväntade träffsäkra förslag. Har även uppskattat hans orädda analytiska utspel och hans befriande frispråkighet.

Äntligen hade Moderaterna lyft fram en invandrare med stor kunnighet, osvensk attityd och en orädd sanningssägare. Det har svajat rejält ibland och det moderata brödraskapet har morrat över Balis uppmärksammade utspel.

Hans förståelse av dagens verklighet och förmåga att identifiera sig med vanligt folk har varit en av hans styrkor i ett parti som ofta kritiserats för sin bristfälliga förmåga att kalibrera sin politik efter väljarnas verkliga behov.

Hanif har varit en frisk fläkt i ett unket moderat patriarkat som i åratal hållit varandra om ryggen. Men när han medvetet, eller omedvetet, gav sig på den moderata maffians informella ledare, Don Carl Bildt, så rämnade fasaden för Moderaternas maffia. Ingen hade någonsin vågat ifrågasätta gudfadern själv. Sicket liv det blev!

Trots Moderaternas identitetskris och politiska feghet, så har ingen internt vågat säga sanningen om Carl Bildts politiska haveri. Tills nu. Av en invandrare. En pålägsskalv med verklighetsförankring.

Han sade enbart det som vakna svenskar i lång tid konstaterat runt landets många fikabord: Don Bildt har drivit en katastrofal utrikespolitik i decennier.

Han har under åratal övergivit sina konservativa värderingar till förmån för progressiva och svekfulla åsikter där inga gränser för egen vinning och egna ambitioner fått stå i vägen. Hans obstinata flörtande med världens största finansiär av terrorism, Iran, har varit direkt provocerande. Nu vill han ha hit president Rohani också.

Hans förakt för Mellersta Östens enda demokrati, Israel, har varit hetsande och lögnaktig. Ekonomisk vinning genom uppdrag inom Lundin Oil, som kopplats till folkrättsbrott i Sudan, har för honom inte alls varit generande.

Att häckla president Trump i den Trump-hatande tidningen Washington Post, har varit en utmärkt plattform för att fördjupa vänskapen med de totalitära ledarna i Bryssel. Hans Erdogan-vänliga agenda mot Turkiet och hans engagemang för att få med ett muslimskt land i EU har varit frapperande.

Vad sänder det för signaler till judar, homosexuella, kristna och andra minoriteter?

Nu har alltså Hanif Bali tvingats till total underkastelse. Hans träffsäkra uttalanden om Don Bildts utrikespolitik och fiaskon har nu omvandlats till patetiska ursäkter till gudfadern och elitisten från Östra Real.

Det tragikomiska i det hela är att Carl Bildt 1983, i nästan samma ålder som Hanif är i dag, retade upp Olof Palme kring Sveriges dåvarande utrikespolitik och sina möten med CIA. Nu upprepas historien. Igen.

Skillnaden är bara den att nu är det Bildt som blivit avslöjad för sin katastrofala utrikespolitik och själviska egenintressen. Nu är det han som med alla medel ska skyddas från sanningssägare. Idag är det han som inte får kritiseras, avslöjas eller genomskådas.

Den moderata maffians metoder har övervunnit ännu en sanningsapostel. Hanif Balis röst har tystats ner. Han har ju skitit i det blåa skåpet. Bokstavligen. Han har tvingats till en manusbeställd ursäkt. En tvättäkta 180-gradare.

Sanningen har ännu en gång kvävts av Moderaternas nya Consigliere, Ulf Kristoffersson.

Listan över deras offer har fått ett nytt namn. Det är så bottenlöst sorgligt. Så orättvist. Och så fruktansvärt fegt. Men hoppet lever. Vi väntar med längtan efter de omutbara. De modiga och orädda vars röster inte kan tystas och vars själar inte kan kuvas.

För många i dagens Sverige längtar efter att med stolthet kunna sjunga: "Du gamla, Du fria, Du fjällhöga nord." Eller som Rickard Dybeck ursprungligt skrev: "Du gamla, Du friska."

För folk börjar på allvar bli trötta på detta sjuka Sverige …

SVERIGES ALLDELES EGEN BAGDAD-BOB

Vår Gudfader Morgan Johansson
hade ett litet möte med Youtube
och gav dem väl ett litet erbjudande
som de inte kunde säga nej till.

Vadå censur? Det är ju bara en liten
uppdatering av det gamla transportförbudet!

www.kallestrokirk.se

Saddam Hussein hade Mohammed Said as-Sahaf, av omvärlden mera känd som Bagdad-Bob, som stod fram i internationella TV-kanaler i veckor, och hävdade tvärsäkert att USA och deras allierade trupper inte skulle kunna åsamka Irak någon skada. När invasionen var ett faktum, stod han där igen och förnekade att några trupper fanns i landet.

Dagarna innan Bagdad intogs av amerikanska marktrupper, ropade han med skärande röst att de minsann bombade och jagade amerikanska trupper ur landet, och bara var timmar från att utplåna alla amerikanska styrkor som hade kränkt Iraks gränser.

Skulle inte förvåna mig alls om han fortfarande sitter i sitt hus i Förenade Arabemiraten och hävdar att Irak snart har vunnit den slutgiltiga kampen och utplånat hela USA från jordens yta.

Bagdad-Bob bosatte sig som tur var inte i Sverige efter Irakkriget. Men här finns en alldeles fulländad kopia. Malmö-Mytomanen. Även känd som Morgan Johansson. Att inte den mannen är politisk död eller åtminstone politiskt spetälsk är för mig en fullständig gåta. Han måste inneha alla tänkbara rekord i galna lagförslag, bisarra åtgärder och rena lögner.

På regeringskansliets hemsida skriver Morgan Johansson om sig själv: "Som justitie- och migrationsminister vill jag arbeta för att knäcka den organiserade kriminaliteten och förstärka kampen mot terrorismen. Vår migrationspolitik ska vara långsiktigt hållbar och brett förankrad. Jag tror på den välfärdsmodell som vi har i Sverige och på ett samhälle som håller ihop."

I början av sin tid som minister, deklarerade Morgan Johansson i 2002: "Om 10 år är knarket borta!"

Knarkhandeln är i dag mera utbredd än någonsin! Ända ner i 11–12 års åldern. 2018 hade Sverige ett 50-tal skogsbränder som förstörde över 25 000 hektar skog. Hans bisarra utspel och slutsats rungade i alla svenska mediekanaler: "Jag tycker vi har skött bränderna på ett bra sätt." Ett bra sätt? Han är nog rätt ensam om den recensionen!

Det var så illa skött att man inte tror det är möjligt att någon kan misslyckas så kapitalt med att lära från tidigare förödande bränder.

Regeringen hade inte lärt sig någonting överhuvudtaget kring branden i Bergslagen 2014. Ingenting! Man log in i TV-kamrarna och försäkrade att "våra broderländer inom EU" minsann hade hjälpt oss. Idag har alla notor och räkningar på detta inkommit.

2015 gick Morgan ut i Ekot på Sveriges Radio och resonerade kring vad han ansåg vara Sveriges största välfärdsproblem: det fanns för få kvinnor i börsbolagens styrelser. För att möta detta hot mot landets välfärd skulle minsann 40% av ledamöterna vara kvinnor. Om inte detta skulle efterföljas så skulle höga böter utdelas och staten skulle kunna verkställa tvångslikvidering berörda bolag.

Denna skönhet var ju liksom ett lugnande besked för tiotusentals anställda. Att deras arbetsgivare (läs Volvo, Scania, m.fl.) skulle riskera tvångslikvidering som straff för brott mot jämställdhets-lagen.

I september 2017 slog han på stortrumman ordentligt och proklamerade att regeringen var på väg att knäcka den organiserade brottsligheten. Detta till trots för att på samma tidpunkt hade Sverige flera dödsskjutningar än samtliga mord i hela södra Italien.

Idag skjuts det ännu flera människor, detoneras många flera bomber och kriminaliteten har spårat ur på riktigt. Det är skrämmande. Det är katastrofalt. Och det är direkt pinsamt!

14 november 2017 lade han ut ett inlägg på sin Facebooksida där han redogjorde för sin senaste insikt och hans omvälvande slutsats: "Om mäns våld mot kvinnor ska upphöra så är det männen som måste förändras." Vilken fantastisk uppenbarelse Johansson. Dags för årets feministpris och utmärkelsen "Decenniets filosof"?

2018 kom han med sin briljanta lösning på den galopperande kriminaliteten som bara sjunker i åldrarna, och där vi bland annat ser barn och unga tonåringar i allt grövre brott som begår skjutningar och mord i våra förorter: Fotbojor! Att ingen tänkt på det förut! Har man en fotboja kan man ju inte skjuta någon med handen! Inte heller prata och planera nya brott. Och inte kan man styra sina kriminella ligor genom telefoner och personliga möten. Vilken strålande idé och åtgärd! Eller som Vanheden skulle sagt:

Lysande, Sickan! Lysande. Men detta kan vara något av det dummaste en svensk minister någonsin föreslagit!

I maj 2018 proklamerade Johansson att gängkriminaliteten skulle "krossas" och att "skjutningarna i Sverige sjunker kraftigt". Under det årets första 6 månader hade flera skjutits ihjäl än under hela 2017. Trippelmorden i Malmö i juni 2018, detonerade bomber, bilbränder och senast den oskyldiga flickan som sprängdes utanför ett hus natten till i söndags, talar sitt tydliga språk.

Trots att vår oengagerade statsminister gapar, svär och vevar med armarna varje gång människor skjuts ihjäl, och hans "Bagdad-Bob" skickas framför TV-kameror för att bedyra att "allt detta är fullkomligt oacceptabelt", så framstår det fullkomligt kristallklart för vanliga förnuftigt tänkande och verklighetsförankrade svenskar: Det finns ingen politisk vilja att eliminera dessa enorma problem! Överhuvud taget.

Efter brandattacken mot judiska synagogan i Göteborg 2017 skärpte Johansson tonen tillfälligt mot muslimer i Sverige med uttalandet "har man fått fristad i Sverige är det också våra regler som gäller". En mycket viktig sanning – men som aldrig haft någon konsekvens under justitieministerns tid under sossarnas styre i Sverige. Inte en enda konsekvens!

Att snacka kan vilken dåre som helst, men att agera och verkställa självklara konsekvenser i dagens kriminella och laglösa Sverige, är Morgan Johansson fullständigt okapabel och inkompetent att göra.

Sveriges justitie- och migrationsminister är en medelmåttig journalist vars chef är en statsminister och en svetsare som aldrig någonsin kunnat behålla en position på sitt jobb.

Den 26 augusti sköts Karolin Hakim i Malmö ihjäl med sitt lilla barn i sin famn. Justitieminister Morgan Johansson kallade i sociala medier gärningsmännen för "fega och avskyvärda odjur". Viken insikt, vilken analys och vilken uppenbarelse! Men även ansvariga politiker är fega och avskyvärda odjur!

Folk i Malmö har i åratal ropat, skrivit, vädjat och förtvivlats över den galopperande och skenande kriminella utveckling som varit under socialdemokraternas styre i Malmö och övriga Sverige.

Ingenting har hänt. Ingenting har gjorts. Ingenting har ändrats. Bara massa nya ord, upprepade tomma löften och ihåliga utfästelser om åtgärder.

Jag vet inte om Morgan Johansson har avgrundsdjupa komplex för att han är så kort, men han borde lära sig en sak: En stor mun gör inte en man stor!

För i dagens Sverige kan en medelmåttig journalist med social-demokratiska ambitioner och svågerpolitiska kontakter bli justitieminister, migrationsminister och ett verbalt fenomen. Utan krav på resultat, utan att behöva stå till svars för alla sina lögner, stolliga utlåtanden och patetiska förslag.

Morgan Johanson är måhända en sympatisk och filosofisk människa. Jag känner honom inte själv. Men han är en svekfull och djupt oärlig politiker som inte skyr några medel för att framstå som ansvarsfull och handlingskraftig. Men han gör inte ett jota, han förändrar inga situationer, utan orsakar bara större skada, mera brottslighet och växande kriminalitet. Och då har jag inte ens börjat tala om hans katastrofala migrations politik och alla därtill hörande fadäser.

Han är Stefan Löfvens skorrande megafon.

Han är Socialdemokraternas falsksjungande profet.

Och han är hela Sveriges Bagdad-Bob.

KLIMATRÖRELSEN – DEN NYA RELIGIONEN

Få svenskar har bidragit till så mycket hopp om framtiden som Greta, säger Anders Ygeman.

Men Greta säger att hon vill skapa panik över världen.

Religion är opium för folket. Varje religion har ett huvudbudskap. Varje religion predikar bud, regler, krav och den skuldbelägger alltid människor. Varje religion definierar vilka som är syndare och vilka människor som ej accepteras. Varje religion har profeter och helgon. Och varje religion predikar dom och undergång.

Alla religioner riktar in sig på människor som är unga, sköra, rädda, lättfångade och som brottas med olika typer av ångest och skuld. I all religion handlar det alltid om att pengar ska betalas och offras för att "blidka någon gud eller guru".

Världen har fått en ny religion, och denna religionen är om möjlig än mer skrämmande än de befintliga. Vi lever i en tid då människor inte vill ta åt sig sanningen utan man söker sig till mängder av läror, spåmän, siare (forskare), självutnämnda experter, profeter och professorer. Allteftersom det kliar dom i öronen.

"Mitt budskap är att vi har ögonen på er. Allt det här är fel. Jag borde inte vara här uppe. Jag borde vara i skolan på andra sidan havet. Ändå kommer ni till oss ungdomar för hopp. Hur vågar ni?

Ni har stulit mina drömmar och min barndom med era tomma ord. Ändå är jag en av de lyckliga. Folk lider. Folk dör. Hela ekosystem kollapsar. Vi är i början av ett massutdöende – och allt ni kan prata om är pengar och sagoberättelser om ständig ekonomisk tillväxt. Hur vågar ni?

I över 30 år har vetenskapen varit kristallklar. Hur vågar ni fortsätta titta bort? Ni kommer hit och säger att ni gör tillräckligt, medan politiken och lösningarna som behövs inte fortfarande är någonstans i närheten av vad som krävs.

Ni säger att ni hör oss och att ni förstår allvaret. Men oavsett hur ledsen och arg jag är kan jag inte tro på det. För om ni verkligen förstod situationen och ändå struntade i att agera, skulle ni vara onda. Och jag vägrar tro att ni är det.

Den populära idén om att halvera våra utsläpp inom 10 år ger oss bara en femtio procents chans att klara att hålla uppvärmningen under 1,5 grader och risken för att sätta i gång oåterkalleliga kedjereaktioner bortom mänsklig kontroll.

De förlitar sig också på att min generation ska fånga upp hundratals miljarder ton av era koldioxidutsläpp från luften med teknologi som knappt existerar. En femtio procents risk duger helt enkelt inte för oss – vi som måste leva med konsekvenserna.

Med dagens utsläppsnivåer är vår koldioxidbudget helt slut inom åtta och ett halvt år. Inga planer som presenteras här i dag kommer ligga i linje med det. För dessa siffror är för obekväma för er. Ni är fortfarande inte tillräckligt mogna för att säga som det är.

Ni sviker oss. Men unga i dag har börjat förstå ert svek. Alla framtida generationers ögon är på er. Om ni sviker oss kommer vi aldrig att förlåta er. Vi kommer inte låta er komma undan. Här och nu drar vi en gräns. Omvärlden har vaknat och förändring är på väg, vare sig ni vill eller inte. Tack."

Greta Thunberg 16 år

Alla som inte köper klimatextremismens budskap är onda, dömda till evig fördömelse och diskvalificerade från att få förlåtelse. Någonsin! Råkar man vara en man på 30+ som inte applåderar och inte sväljer det extremistiska budskapet som fröken Thunberg predikar, så är man full av hat, sexistisk och föraktfull.

Greta Thunberg har rätt i en sak: politiker drivs av snack, pengar och är bankrutta på lösningar och oförmögna att hålla och leverera det de lovar!

Det är imponerande hur PR-maskineriet runt Greta, under ledning av Bo Thorén och Ingemar Rentzog lyckades ge henne den position hon fått på rekordtid. Greta är ingen ordinär 16-åring. Hon har Aspergers syndrom. Hon har en historia av depressioner i sin barndom och har diagnostiserats för tvångssyndrom. Hon gick utan mat i två månader och månader utan att tala med några andra förutom sin familj, skolvägrat i långa perioder, mobbats osv. Det finns en skadad historia i hennes förflutna som är djupt sorglig.

Jag vill inte spekulera i vilka som stulit hennes drömmar och barndom, men inte har det varit alla kostymnissar i FN-skrapan i alla fall. Därför var det smärtsamt att bevittna hennes suggestiva och hotfulla tal i FN i veckan. Hennes ilska, hennes religiösa besatthet med gråten i halsen, var ett skolexempel på hur religiös fanatism tar sig till uttryck inför publik. Exempel på liknande uttryckssätt och fatalistiskt budskap, har genom hela historien upprepats av såväl sekter som olika extrema rörelser.

Jag blev riktigt illa berörd när hon ned tårar i ögonen anklagade FN:s generalförsamling för att ha "stulit hennes drömmar och barndom, att jorden snart kollapsar och att vi är i början av ett massutdöende". Jag lider med henne och önskar människorna i hennes närhet kunde ta ett större ansvar för flickan.

Hon är ett barn på 16 år med allt vad det normalt innebär, och hon är en av den nya religionens främsta domedagsprofeter! Blott 16 år gammal.

Hennes tal börjar ofta med: "Mitt namn är Greta Thunberg och jag vill du ska få panik." (Som i hennes tal i Katowice 2018.) Hon skapar ångest, fruktan och panik hos miljontals barn runt om i världen, och lyckas få media som sina knähundar och megafoner. Delar av hennes budskap är viktigt. Klimatförändring är verkligt. Absolut.

Ja, det finns faror som resultat av det, och vi bör självklart bli bättre på att ta hand om vår planet. Ingen tvekan om det! Klimatet på vår planet har varierat i århundraden och årtusenden. Utan hjälp av människor, maskiner, bilar och pruttande kossor.

Jorden har en fantastisk förmåga att anpassa sig yttre och inre påverkan och inverkan. På 90-talet skulle det t.ex. förbjudas att använda hårspray, för det "bidrog till att öka storleken på det hemska hålet i ozonlagret". Någon som hört om det stora hemska ozonhålet senaste decenniet? Nej. Det är inte längre någon "fara". Det är nämligen återställt. Av sig själv.

Här nedan följer ett axplock av olika påståenden som varit med på att skapa samhällsdebatter genom åren:

"Ännu en istid på väg?" TIME Magazine 24 juni, 1974.

"Den kallare världen. Planeten är på väg in i en ny istid enligt majoriteten av världens forskare." Newsweek 28 april, 1975.

"En ledande miljöexpert inom FN, berättar att hela nationer kan bli utplånade från jordens yta genom höjda vattennivåer om den globala uppvärmningen inte reverseras innan år 2000". Nyhetsbyrån AP/Peter Spielman 29 juni, 1989.

"Snöfall är nu enbart en händelse från det förflutna." The Independent 20 mars, 2000.

"… utan dramatiska åtgärder för att reducera växthusgaser inom de nästa 10 åren, finns det ingen återvändo för vår värld" Al Gore i 2006.

Det är intet nytt under solen, som den vise kung Salomo uttryckte. Merparten av Al Gores profetior från hans filmer och böcker har visat sig vara falska.

Enligt den klimatbesatta socialistiska vänstern, så kommer världen gå under om högst 12 år om vi inte slutar köra bil, flyga, äta kött m.m. Gemensamt för alla förespråkare, profeter och extremistiska aktivister inom klimatrörelsen, är att ingen lever som de lär. Ingen! De flyger egna privatplan, har flertalet hus, båtar, bilar och bryter alla sina egna krav på omgivningen.

Det handlar inte egentligen om klimatet. Det handlar om omfördelning av resurser och kapital.

President Obama, som i åratal predikat att världshaven kommer stiga som ett resultat av klimatförändringen, köpte i somras ett hus vid havet för 150 miljoner. Pengar rakt i sjön om man ska tro hans budskap! Lägger en vettig människa 150 miljoner på ett mindre palats som snart kommer stå under vatten? Såklart inte. För alla dessa förespråkare tror inte själva på sina domedagsprofetior.

Klimatrörelsens förespråkare kräver lydnad och underkastelse. Alla som syndar, är onda, outbildade och måste marginaliseras. Denna nya religion, som bli allt mera hysterisk, präglas av det klassiska kännetecknet på religiös sekterism: "Det är vi mot alla olydiga och upproriska"

De som inte tror världen går under om 11 år, som inte vill sluta äta kött, köra sina bilar och följa religionens levnadsregler, är förlorade syndare. Utan vett, utan hopp och utan rätt att uttala sig. De förtjänar att straffas. Inte av Gud, men av religionens anhängare.

Undergång är budskapet. Skam, skuld och oförlåtelse är deras redskap. Domedagsprofeter är deras ledare. Den politiska och ekonomiska eliten är deras finansiärer.

Själv väljer jag att dra mitt strå till stacken genom att försöka göra mitt bästa för att vara rädd om vår planet i min enkla vardag, lära mina barn betydelsen av det, och uppmuntra andra att göra likaså. Utan den hysteri och de extremistiska aktivistfasoner som skapat en religion jag inte behöver!

Om 15 år kommer folk titta tillbaka på dessa åren och undra: "Hur kunde vi bara köpa deras budskap?"

Religion är opium för folket!

271

LÖFVENS EKONOMISKA LÖSAKTIGHET OCH POLITISKA ORGIER

Många hoppas att Kaplan ska avgå. Glöm det! En miljöpartist lämnat aldrig sin post. Har man tagit dem i båten får man ro dem i land som om det var fan själv. Vissa kanske minns när Carl Gustaf Lindstedt varnade Hyland när Erlander gästade. "Låt honom inte sätta sig! Han går aldrig!"

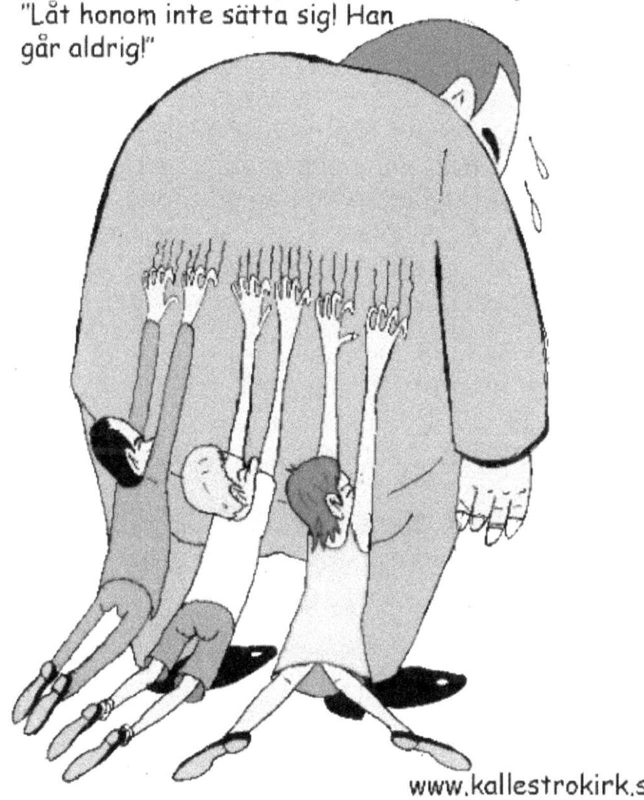

Lösaktighet är ett starkt ord som sedan urminnes tider har använts om personer som ansetts leva ett oanständigt liv med en mängd olika partners. Oftast för sin egen njutning och vinnings skull. Många tillfälliga och sporadiska relationer där tillit, trofasthet, förtroende och respekt fullständigt har satts åt sidan för egen njutning och tillfredsställelse.

Det är med sorg, förtvivlan, indignation, smärta och upprördhet som större delen av svenska folket numera betraktar landets statsminister som den mest politiskt och ekonomiskt lösaktiga regeringschef Sverige någonsin haft. Jakten på den försvunna ryggraden borde påbörjas. Omgående.

Droppen som för de flesta fick bägaren att rinna över, var när han förra veckan ställde sig upp i FN-skrapan och plötsligt hade bestämt sig för att Sverige skulle ge 8 000 000 000 till den gröna klimatfonden (GCF). Han var noga med att betona att Sverige redan var den största donatorn till nämnda fond, men nu skulle minsann det beloppet dubblas! Här var det inte bara Greta Thunberg som skulle få rubriker. Svetsaren från Ådalen ville ha sin beskärda del av bekräftelse och uppmärksamhet han också.

Hur pengarna i denna fond disponeras vill vi nog inte ens tänka på i dagsläget. Sättet som FN i många avseenden disponerar sina bidrag och resurser på, är minst sagt hårresande. Oftast korrupt och meningslöst. Samtidigt som detta basuneras ut sitter landets fattigpensionärer hungriga kvar i sina enkla boenden med Svarta Petter. Blåsta igen. Åter lurade. Ännu en gång bedragna av den Socialdemokratiska regimen.

För det socialdemokratiska parti och den folkrörelse som en gång i tiden var genuint intresserade av de svaga, de fattigaste, de mest utsatta och de människor som hade det svårast i samhället, det parti finns inte längre! Det är för alltid borta. Ruinerna av detta parti, deras värderingar och ideologi har nu ersatts av en socialistisk korrupt och maktfullkomlig regim, som styrs av inre maktkamp och drivs av yttre maktfullkomlighet.

Att det nu i 2019 är över 100 kommuner som går mot rekordstora underskott, är tvungna att montera ner stora delar av den i decennier uppbyggda välfärden, och skära ner på kostnader för gamla och sjuka, verkar inte bekomma Löfven det minsta. Han struntar fullständigt i detta!

Vi har en statsminister utan visioner, utan konkreta planer och utan förmåga att verkställa nödvändiga åtgärder. I årets höstbudget är biståndskostnaden, där klimatbidrag delvis ingår, på 46 miljarder.

Sveriges krisande kommuner fick en extra höjning på 5 miljarder, vilket var mindre än hälften av vad SKL:s chefsekonom, Anette Wallenskog, uppgav var nödvändigt, för att kunna behålla befintlig verksamhet i kommunerna. Men att i Sverige kunna bevara befintlig välfärd är inte längre en ambition.

Det är en utopi.

En önskedröm

En illusion.

Sveriges kommuner går på knäna. Det är fullständig kris i ett hundratal kommuner. Sjukvårdsköerna eskalerar i en okontrollerbar takt. Pensionärerna drabbas åter igen hårdast. Landets poliser kan inte längre hantera och sänka kriminaliteten. Integrationen har kollapsat och anhöriginvandringen ökar med oförminskad styrka. Sverige tar in mera folk än vad systemet kan hantera. Problematiken i svenska skolan vill man inte ens prata om. Landet är som ett skenande tåg.

Göteborg går i år mot nästan en miljard i underskott med resultatet att sjukvården måste skäras ner dramatiskt. Luleå kommun har nu nyligen lagt ner 7 (!) skolor p.g.a. den katastrofala ekonomin. Motala kommun sänker värmen från 23 till 20 grader på alla sina äldreboenden för att spara kostnader. (Nu ska det tydligen räcka med några IKEA filtar.)

Uppdra Granskning avslöjade för en tid sedan att Filipstads kommun står på randen till ekonomisk och social kollaps p.g.a. den huvudlösa invandringen. Över 100 andra kommuner har liknande förkrossande verkligheter med förödande konsekvenser. Men Sveriges statsminister bryr sig inte. På riktigt! Han verkar inte ens försöka bry sig.

För honom är det viktigare att plocka popularitetspoäng i New York och skapa fejkad beundran bland elitisterna i Bryssel. Hans vurmande för och mani efter att vara politisk korrekt, har fullständigt fördrivit vettet och förståndet från hans politiska navigeringsförmåga. Det är hela havet som stormar. Utan roder på skutan. Ingen kapten ombord. Och som om det inte vore nog så tar skutan in vatten på ställe efter ställe. Den socialdemokratiska oanständigheten slår knut på sig själv i kampen för att få lite uppmärksamhet på den internationella scenen.

Enligt många var inte Löfven direkt känd som ett orakel på att svetsa. Men vad miljoner svenskar i dag kan intyga och skriva under på, är att han är fullkomligt katastrofalt oförmögen att svetsa ihop sitt eget land. Och i synnerhet den välfärd som Sverige en gång var världskända och beundrade för att ha. Den välfärden ligger snart i spillror om inte den ansvarslösa politik som Löfven & co. nu bedriver omedelbart upphör.

Vår politiskt lättfotade statsministers har hängett sig åt ideologiska orgier med kommunister, miljöaktivister, liberaler och ett bondeparti som leds av en politisk fäbodjänta. Alla dessa spretiga viljor och ideologier ska tillfredsställas och uppvaktas.

Regeringen för en politik som på så många områden är fundamentalt oärlig mot sin egen ideologi och sina traditionella värderingar. Allt för att klamra sig fast vid makten och kallblodigt utnyttja småpartiernas minsta krav för att hålla dessa kvar under sitt täcke för ömsesidigt utnyttjande och njutning.

Så varför skriver jag detta? Vad är skälet till att jag påtalar dessa häpnadsväckande handlingar? I vilket syfte önskar jag att belysa verkligheten i dagens Sverige?

Jag önskar enbart att påminna om dagens verklighet. Vill enbart utmana Sveriges allmänhet om att det nu är dags att börja kämpa för vad ni tror på. Det är hög tid att slåss för våra barn och ungdomar. Kriga för den generation som byggt det fantastiska land som så många av oss älskar.

Tiden är inne att börja strida mot etablissemanget och den verklighetsfrånvända politiska eliten som lyckats lura sig fram till sina oförtjänta positioner i dagens samhälle. Det är dags att byta ut ekonomisk lösaktighet och politiska orgier mot ekonomiskt ansvarstagande, politisk ärlighet och god gammaldags heder.

Lite svensk patriotism skulle inte heller skada i en tid där landets ledare under lång tid prioriterat alla andra folkgrupper än sin egen befolkning. Eller som kabinpersonalen säger till sina passagerare innan planet ska lyfta: "När oxygenmaskerna faller ner, sätt först på din egen, och hjälp den bredvid dig sen."

För att kunna hjälpa andra måste man nämligen först se till att det egna folket har det de behöver. Man kan inte ge andra det man själv inte har!

SVERIGES OCH EU:S SVEK OCH DET KURDISKA BLODET PÅ DERAS HÄNDER

-Turk på burk!
- Äsch! Det här fixar väl Trump
som vanligt!
EU
strokirk

Under Romarrikets dagar (763 f.Kr.- 476 e.Kr.) av krig och ockupation, skapades olika ritualer och traditioner kring Romarrikets sätt att hantera sina barbariska och avskyväckande krigshandlingar.

Att ledare tvättade sina egna händer för att därigenom försöka lura sig själva och sin omgivning om att de inte bar någon skuld, har praktiserats sedan den romerska prefekten Pontius Pilatus' dagar på 30-talet e.Kr. Han hade efter noggranna undersökningar konstaterat att Jesus var oskyldig till konspiration mot Rom, och tvättade sina händer efter att han motvilligt sände honom i döden. Pilatus ansåg att genom att göra så, skulle han inte anses vara ansvarig för att ha fått Jesu blod på sina händer.

Såväl krigsherrar som politiker har sedan dess hållit fast vid denna tradition. Krigsherrar har gjort det fysiskt, politiker har gjort det mera sofistikerat, genom att göra det verbalt genom lama ursäkter, fantasifulla lögner och illa dolt feghet.

Det är som alltid när det gäller krig. En vidrig och obehaglig känsla att på avstånd bevittna vad som sker, och samtidigt veta att ansvariga personer som har makt att stoppa och förhindra att oskyldiga dör, inte gör det. Oskyldiga män, kvinnor och barn får betala med sina lemlästade kroppar, sexuella övergrepp och liv för ynkliga och skraja politiker som inte har vare sig mod, ryggrad eller kurage att själva göra något åt eländet.

Om de bara hade velat, hade de kunnat lösa konflikterna! Skruvad förträfflighet och jämmerlighet är nog de ädlaste orden man kan beskriva dessa nollor och sopor med.

Obama hävdade att terrorn från IS och deras kamp för Kalifatet skulle vara ett generationsproblem som vi var tvungna att acceptera de nästa 40 åren. Det tog den nuvarande presidenten och hans allierade mindre än ett år att i princip utplåna Kalifatet och driva kvarlevorna av IS på flykten.

I 2013 började IS ta kontroll i Syrien och ville etablera Kalifatet i hela Mellersta Östen. Men sedan de började utföra terrordåd runt om i Europa 2015, och vissa länder med USA i spetsen fick nog och började vedergälla våldet, har det enligt UNHCR resulterat i över 5,7 miljoner flyktingar och drygt 400 000 döda människor.

USA skulle stanna i Syrien i 30 dagar. De har varit där i över 6 år. I Afghanistan skulle de vara en kort period. De har stannat där i snart 19 år vilket resulterat i över 20 000 skadade och drygt 2500 döda soldater.

Nu har USA tröttnat på att få hem sina söner, döttrar, fäder och mödrar i kistor täckta av den amerikanska flaggan. Amerika är 900 mil borta från Syrien. Sverige är drygt 300 mil från Syriens gräns. Från EU:s yttre gräns till Aleppo är det drygt 35 mil.

Det amerikanska folket har tröttnat på att de ska betala för Mellanöstern och Europas problem. Därför valde de en president som gick till val på att kalla hem så många trupper som möjligt. Som lovade att minska USA:s egna dödssiffror, deras utgifter, gigantiska förluster och vånda orsakade av alla krig. Deras president håller sina löften till sina väljare.

Och Europas politiker och journalister gapar, skriker och huttar med nävarna mot USA som inte längre vill ta hand om deras egen smutstvätt och striderna i Europas bakgård. När ska EU och FN ta sitt ansvar för dessa miljontals människor på flykt, i misär, och hundratusentals döda civila i Syrien?

Europas politiker och byråkrater är fullblodsproffs på att snacka. Experter på att kritisera USA. Snitsare på att gömma sig bort från ansvarstagande, och specialister på att överlämna problem till andra. De är mänsklighetens värsta och mest korrupta svikare. EU och FN:s hänsynslösa politiker och representanter är inget annat än bödlar i kostym.

De har i åratal flirtat med Turkiets muslimska president Erdoğan, för att utvidga det nya romerska riket EU. De har dräglat efter Turkiets medlemskap. Dessa förrädare har suttit tysta och tittat på hur Erdoğans maktfullkomliga och diktatoriska ledarskap har tystat ner, fängslat, misshandlat och dödat demokratiska motståndare.

Och nu försöker de alla att tvätta sina händer. De har unisont utsett en syndabock. USA.

Nu har Erdoğan gått in i sin nästa fas. Som en muslimsk krigsherre. Med flagranta brott mot folkrätten. Och siktet är nu inställd på att döda så många kristna kurder och minoriteter som möjligt. För detta handlar inte om något annat än återupptagande av det muslimska krig som inleddes på 1800-talet. Som resulterade i det bestialiska folkmordet i osmanska riket 1915 där över 1,5 miljoner människor mördades.

Vilket ansvar har då Stefan Löfven och Fredrik Reinfeldt? Dessa skönheter till herrar, har utan tanke på konsekvens och insats, låtit Sverige ta emot flera flyktingar från Syrien än Australien, Vitryssland, Belgien Bosnien, Kroatien, Cypern, Danmark, Estland, Finland, Grekland, Ungern, Island, Lettland, Litauen, Luxemburg och Makedonien tillsammans.

Detta är det nu det svenska folket som får stå för notan för. De sålde ut den svenska välfärden för egna politiska poäng, maktpositioner och inbördes beundran från europeiska politiska potentater. Hellre splittrade familjer, dödande och förödelse i syriers hemland, än att sätta ner foten mot Syriens medlemskap i EU, mobilisera motstånd mot och sätta stopp för Erdoğans muslimska parti, AKP, och deras avsiktliga etniska rensning av kristna och minoriteter som inte vill böja sig för islam.

Stefan Löfven vägrar erkänna muslimernas folkmord mot det osmanska riket 1915. Vägrar ta svåra beslut och försöka leva upp till sina bisarra påståenden om att "Sverige har Europas öron och deras respekt". För Sverige har ju faktiskt "den enda feministiska regeringen i världen". De flesta av Sveriges invånare lyssnar inte längre på hans lögner och tomma löften. Ingen i Europa bryr sig om honom. Än mindre lyssnar på vad han har att säga.

Innan valet 2014, lovade han i Assyriska TV kanalen i Södertälje att erkänna folkmordet. När han sedan fick makten 2014 så beslutade han och partistyrelsen att säga nej till erkännandet. Som vanligt bröt han sina lögnaktiga tomma löften. Makten var ju säkrad i ytterligare 4 år. Och som vanligt så darrade han så mycket på manschetterna för Erdoğan och hans muslimska bröder som han inte ville stöta sig med dom.

Idag bombas, terroriseras och dödas därför kurder i norra Syrien. Stefan Löfven, Fredrik Reinfeldt, EU:s ledare och FN:s makthavare delar samma sysselsättning: Ingen ånger. Inga ursäktande utspel. De tittar inte ens skamfulla i marken. Nej, de tvättar alla sina händer. De försöker samtliga att övertyga världen om att de inte har kurdernas blod på sina händer. Men det har de. Och det kommer de för alltid att ha.

Blodet kommer inte försvinna. Skriken från kurderna kommer aldrig kunna tystas ner. Deras tårar lär inte sluta rinna på många år. Två miljoner kurder i Syrien är p.g.a. dessa herrar lagliga byten i dag. Hur ska dessa människor någonsin kunna tröstas? Vem lyssnar på skriken och dödsropen från Aleppo?

Vad Pontius Pilatus påbörjade, det fullbordas i dag mitt framför våra ögon

FOLK GILLAR GUD MEN AVSKYR OFTA HANS UNGAR

Gud fader har jag inget
emot men hans profet
lilla Greta har jag svårt
att dra jämt med!

Gud, kristendomen och kyrkan har historiskt sett haft en stor och helt avgörande betydelse i byggandet av det samhälle som vi i dag lever i. Kristna har genom historien gått i spetsen för att grunda skolor och utbildning, sjukvård och sjukhus, avskaffande av slaveriet, bygga rättsväsende osv.

Gemensamt för de flesta av världens mest kända och respekterade universitet och lärosäten, är att det var kristna som grundade dessa. Kristendomen har på oräkneliga områden skapat det som byggt civilisationen som vi i dag känner den. De 10 budorden finns inbyggt i allt ifrån våra samveten till rättsväsendets fundament.

Gud gav dessa 10 bud för att välsigna, skydda och bevara oss. Men ett stort problem uppstod: Gud gav världen 10 bud - men kyrkan har gett världen ytterligare 1000 bud.

Här har vi något av grundproblemet för många i dag. Därför har så många fina och uppriktiga människor övergett sin tro och lösrivit sig från kyrkor. Kyrkan var ämnad att vara ett fyrljus. En oas av ljus och glädje i en ofta mörk och ensam värld. En plats för de uppgivna och sårade. För de plågade och hopplösa. Och för övriga vanliga människor.

Jag föddes in i en frikyrkofamilj i Norge där ett antal familjemedlemmar haft betydande positioner och uppdrag inom pingströrelsen. Ända tillbaks till den innersta kretsen i början av pingströrelsens grundade i början av 1900-talet.

Det var liksom ingen tvekan i vilken rabatt mitt släktträd hade planterats och hade växt sig stort. Alla, och då menar jag verkligen alla, var kristna. Hela gänget från släktpatriarkerna till hunden och undulaten!

Jag växte upp och såg med egna ögon, och hörde med egna öron allt fascinerande, allt livsförvandlande och livsberikande som hände. Mycket som för mig skulle komma att skapa viktiga värderingar, forma min ryggrad och mina övertygelser, och även ge mig gåvan att tro på en förlåtande och kärleksfull Gud. Men också tron på människan och hennes förmåga att göra skillnad.

Men vad jag också tidigt upptäckte och förundrades över, var hur mycket hyckleri och dömande som så många kristna och kyrkor hade anammat genom åren. Ett hyckleri som jag tidigt fick avsmak för, och som jag vid 16-års ålder förklarade krig emot. Jag insåg hur så många, inklusive mig själv på vissa områden, hade tappat perspektivet gällande olika saker. Kyrkan och de kristna hade sedan länge börjat överge vitala delar av sitt budskap och uppdrag till förmån för egna tolkningar, religiösa regler och osannolika krav på den värld som fanns utanför kyrkväggarna.

Jag upptäckte hur kyrkor uteslöt, straffade och förtalade människor som inte lyckades leva upp till kyrkans bud, regler och förväntningar. Med det oundvikliga resultatet att dessa människor givetvis inte kunde acceptera att bli behandlade på detta fruktansvärda sätt.

I vissa kyrkor var man inte välkommen om man hade en viss klädsel. Förr i tiden fick exempelvis flickor som hade blivit gravida innan äktenskapet, sitta längst bak i kyrkan. Och rockmusik och dans ansågs vara syndigt och fel.

Jag bevittnade själv för ett tag sedan hur Petruskyrkan i Rom inte släppte in en besökare p.g.a. att kjolen var 5 cm för kort, och axlarna inte var tilltäckta. Helt otroligt! Vilken pappskalle till påve lyckas ens komma på en sådan idé? Yttre saker har aldrig något att göra med hur man är som person.

Många människor har inte passat in i "mallen" och har vägrat anpassa sig till alla märkliga religiösa och mänskliga krav som skapades för att kontrollera omgivningen, och för att den blivit för gammaldags. Resultat blev tyvärr ofta att besvikelsen och bitterheten mot dessa kristna inte stannade vid berörda personer, utan resulterade i att man ofta inte ville ha med Gud att göra. Och än mindre med dessa dömande kristna som medvetet eller omedvetet exkluderat dom.

Under en lunch hemma hos en av Sveriges mest älskade och framgångsrike låtskrivare, utbröt han plötsligt efter ett längre samtal om tro: "Runar, jag älskar Gud, men jag hatar hans ungar!" Han hade precis som så många andra människor i dag, blivit utsatt för kyrkans dömande attityder och en del kristnas klumpiga, korkade och dumma utspel.

Människor som blivit utsatta för fördömanden och utstötthet har till och med anammat ett nytt uttryck. De kallar sig "Guds barnbarn". De har egentligen inte förkastat Gud, men bestörtningen och besvikelsen över kyrkans agerande och handlingar, har gjort att de inte längre velat associeras med "Hans barn" (de kristna).

Men Gud har inga barnbarn. Endast ofullkomliga barn som ibland ställt till massa dumheter och tråkigheter. Men alla de som står utanför kyrkväggarna är precis lika mycket älskade och innerligt efterlängtade. Alla är lika värdefulla och betydelsefulla i Hans ögon.

Dagens statskyrka är i mångt och mycket ingenting annat än en social och kulturell plats. Oftast otroligt vacker och stämningsfull, men den är andlig konkurs utan någon som helst attraktionsförmåga till dagens människor. Den har tyvärr blivit en evangelisk urholkad institution, där en präst med utsmyckad dräkt kliver upp i talarstolen varje söndag, och låter lika obegripligt som en gök i ett gökur från Tyrolen. Det som förr i tiden var känt som "Guds hus" har i dag ofta förvandlats till ett spökhus.

Frikyrkan har däremot i mångt och mycket lyckats konservera det mesta av budskapet, den inspirerande musiken och ambitionen att nå ut med sitt budskap. Det sorgliga dock, är att deras förmåga att förstå och relatera till människorna i dagens samhälle är minst sagt bristfällig.

De har ett mastodontarbete framför sig för att upprätta havererade relationer med bortstötta individer, läka sår och återupprätta förtroende hos icke-troende människor, samt bli en röst i den offentliga debatten där de kan bidra med hjälp och lösningar.

Kyrkornas isolation och marginaliserande är helt och hållet självförvållad. Det är dags att de börjar sätta sitt kärnbudskap i centrum. Det är hög tid att fokusera på människor och dessas behov av hjälp, vägledning och hopp.

Världen har aldrig varit mera i behov av en Gud att tro på och få uppleva kärlekens budskap. Men den har heller aldrig varit mera kritiskt inställd till kyrkor och församlingar.

Vi går snart in i 2020.

Vad kristna och kyrkorna nu behöver göra, är att unisont be om förlåtelse för sitt hyckleri, översitteri, dömande och felaktiga attityder mot världen utanför kyrkväggarna. För världen kommer garanterat bli en bättre plats om folk skulle få anledningar att inte enbart gilla Gud, utan även börja tycka om "Hans ungar".

Kyrkan ska vara en plats som välkomnar människor. Som ger glädje och hopp. Och inte en plats som dömer och stöter bort människor med fel och brister.